山东省文化和旅游厅组织编写

山东省级非物质文化遗产普及读本

传统戏剧卷（下）

山东城市出版传媒集团·济南出版社

图书在版编目（CIP）数据

山东省级非物质文化遗产普及读本.传统戏剧卷.下/山东省文化和旅游厅编. —— 济南：济南出版社，2019.1
ISBN 978-7-5488-3514-1

Ⅰ.①山… Ⅱ.①山… Ⅲ.①非物质文化遗产 – 山东 – 普及读物②地方戏 – 介绍 – 山东 Ⅳ.①G127.52-49 ②J825.52

中国版本图书馆CIP数据核字(2018)第295889号

出 版 人	崔　刚
责任编辑	孙育臣
图书审读	戴　月
封面设计	李海峰

出版发行	济南出版社
地　　址	山东省济南市二环南路1号（250002）
编辑热线	0531-86131747（编辑室）
发行热线	86131747 82709072 86131729 86131728（发行部）
印　　刷	济南乾丰印刷有限公司
版　　次	2019年1月第1版
印　　次	2019年1月第1次印刷
成品尺寸	170mm×240mm 16开
印　　张	8.5
字　　数	120千
印　　数	1—6000册
定　　价	48.00元

（济南版图书，如有印装错误，请与出版社联系调换。
联系电话：0531-86131736）

编委会

编委会主任：王　磊

编委会副主任：李国琳

编　　　委：王　尚　蒋士秋　冀瑞雪　楚国帅

主　　　编：李国琳

副　主　编：王　尚　蒋士秋

参 编 人 员：卞　辉　楚国帅　高登峰　冀春鑫　晋新杰
　　　　　　　任淑芸　孙　悦　田西凯　王孟飞　王冠霖
　　　　　　　相家云　张　晗

序　言

习近平总书记指出："文化是一个国家、一个民族的灵魂。文化兴国运兴，文化强民族强。中华优秀传统文化是我们最深厚的文化软实力，也是中国特色社会主义植根的文化沃土。要积极推动中华优秀传统文化创造性转化、创新性发展。"在悠悠五千年的历史长河中，中华文明绵延不绝，历久弥新，孕育了丰富的精神文化财富。非物质文化遗产是中华优秀传统文化的重要组成部分，代表中华民族鲜活的文化基因，是民族历史的传承和民族精神的凝缩，是自古以来劳动人民智慧的生动展现。传承和弘扬中华民族优秀传统文化，挖掘和保护中华民族非物质文化遗产，研究和利用齐鲁大地的优秀文化遗产，是时代的要求，是历史的必然，是人民的期盼。

山东是孔孟之乡，礼仪之邦，拥有悠久的历史和灿烂的文明。在这片广袤的齐鲁大地上，生长着韵味十足、特色鲜明的非物质文化遗产。神秘动人的民间文学、地域鲜明的民俗传统、风格迥异的传统音乐、独具神韵的传统舞蹈、意味无穷的传统美术、丰韵绵长的戏剧曲艺、通灵入化的体艺杂技、创意灵动的手工技艺，都饱含着齐鲁儿女的创造力，深藏着齐鲁大地的智慧，是齐鲁文化的重要代表之一。灿烂的非物质文化遗产充分展现了齐鲁儿女独具品味的审美个性和别具一格的思维方式，是山东文化发展的见证。

山东是非遗大省，非物质文化遗产资源极其丰富，非遗保护工作一直走在全国前列。目前，我省共有联合国教科文组织认定的"人类非遗代表作名录"项目8个，国家级名录173项，省级名录751项，现有国家级传承人94名，省级传承人447名，3家企业被文化和旅游部命名为"国家级非遗生产性保护示范基地"，共有68个省级非遗生产性保护示范基地，有1个国家级、10个省级文化生态保护实验区。为弘扬中华优秀传统文化，充分展现我省非物质文化遗产的博大精深和独特魅力，山东省文化和旅游厅组织编纂了《山东省级非物质文化遗产普及读本》系列丛书，本套书分辑出版。第一辑共5册，包括民间文学类3册，包含80个省级民间文学项目；民俗类2册，包含50个省级民俗项目。第二辑共8册，240个省级非遗项目，包括传统音乐类上下册，有55个省级传统音乐项目；传统舞蹈类上下册，有70个省级传统舞蹈项目；传统戏剧类上下册，有66个省级传统戏剧项目；曲艺类上下册，有49个省级曲艺项目。以后还会陆续编纂其他系列的丛书。本套丛书内容主要是以各市、各单位申报省级非物质文化遗产代表性项目的素材资料为依据。

　　本套丛书通过故事叙述与文化阐释相结合，以图补文与多方视角来讲述，涵盖历史渊源、基本内容、表现形态、传承发展、社会价值等方面。相信通过此套丛书的出版，必将使广大读者更加生动、全面、系统地了解山东省非物质文化遗产的传承历史、表现形态、文化内涵及保护现状，必将进一步增强广大群众的文化自信和文化自豪感。下一步，我们将以习近平新时代中国特色社会主义思想为引领，深入贯彻党的十九大精神，不断弘扬中华优秀传统文化，不断推动文化建设向纵深发展，为满足人民群众对美好生活的向往，丰富广大人民群众的文化生活，保障广大人民群众的文化权益，为深入推进经济文化强省建设，实现中华民族伟大复兴的中国梦而贡献更大的力量。

山东省文化和旅游厅党组书记、厅长　王　磊

目录 CONTENTS

山东省级非物质文化遗产普及读本　　传统戏剧卷·下

马堤吹腔	001
吕　剧（滨州）	005
渔鼓戏	009
东路梆子（惠民）	014
吕　剧（博兴）	018
扽腔	022
山东梆子（菏泽）	026
枣梆	029
大弦子戏	033
大平调（牡丹）	037
定陶皮影戏	041
柳子戏	044
两夹弦（定陶）	048
四平调（成武）	052
大平调（成武）	057
两夹弦（北词两夹弦）	061
大平调（东明）	064

周姑戏（临朐）……………………………………………069

周姑戏（莒县）……………………………………………072

蛤蟆嗡……………………………………………………076

一勾勾（四根弦）…………………………………………080

山东梆子（长清）…………………………………………083

章丘梆子…………………………………………………086

八仙戏……………………………………………………089

山东梆子（济宁）…………………………………………093

茂腔（五莲茂腔）…………………………………………097

蟠龙梆子…………………………………………………101

弦子戏（兰山）……………………………………………105

弦子戏（沂南）……………………………………………109

山东梆子（聊城）…………………………………………113

东路梆子（阳信）…………………………………………117

四平调（单县）……………………………………………121

山东梆子（郓城）…………………………………………125

马堤吹腔

> 2009年,夏津县的"马堤吹腔"被山东省人民政府列入省级非物质文化遗产扩展项目名录。

马堤吹腔是一个古老的剧种,之所以被称为"吹腔",是因其属于弦索声腔系剧种,主要的伴奏乐器是笛子、笙、唢呐、三弦等吹奏乐器。马堤吹腔的前身是近500年前流传于山东、河南等地的民间戏曲柳子戏,各地叫法也不尽相同。清朝年间,流传于京杭大运河以东的这种戏剧被称为"柳子戏",而流

图一　2003年1月,《长河晨刊》对马堤吹腔的报道

传于黄河以北临清、夏津的则被称为"吹腔戏"。

马堤村位于德州市夏津县城西25公里的白马湖镇，西靠大运河，因此深受运河文化的影响。200多年前，吹腔戏沿运河一带发展流传，在马堤村深深地扎下了根。由于过去交通闭塞，来往不便，马堤村的村民们文化生活贫乏，看吹腔戏便成了他们唯一的享受，故村民们大都能演唱吹腔戏。据张庚、郭汉城主编的《中国戏曲通史》记载："开封、临清二地，是河南弦索腔与柳子腔这两大姊妹剧种生长的良好温床。""弦索腔向更远的地方流传，则以山东的临清为集散地。"马堤村因盛大的庙会成了吹腔的繁衍地。村民以口传心授的方式，将此剧种传承下来。

马堤吹腔的表演粗犷豪放，人物动作设计大胆夸张，用油彩化妆，有固定脸谱，各行当扮相明显。脚色行当分生、旦、净、末、丑五大门类。其中生行包括红脸、秀生、武生、娃娃生等。生行中的红脸唱腔高亢浑厚，动作威武刚健，表演以唱为主，重在造型。吹腔戏中的旦角主要有青衣、红衣、彩旦、老旦、刀马旦等。青衣多扮演成年妇女，唱腔委婉，动作稳重端庄；红衣扮演年轻俏丽的姑娘、大户人家中的婢女等，举止轻快，身段灵活，唱腔甜润；老旦主要扮演老年妇女，并有官、民、贫、富之分。由于历史原因，马堤吹腔戏的旦角扮演者多为男性，俗称"唱小嗓"。

马堤吹腔的剧目基本上以传统戏为主。目前保留下来的剧目共40多个，主要有《双换魂》《寒江关》《挂龙灯》《白云洞》《王小赶脚》《投营》《井台会》《杀狗劝妻》《高老庄》等。马堤吹腔曲子与小令的曲牌以长短句为主要结构，这类曲牌的词格与唱腔的结构都比较严谨，每支曲牌的句数和每句曲

图二　马堤吹腔中的生角

图三 马堤吹腔唱词

牌的字数都是固定的。曲牌的特点是字简腔繁，旋律性较强，中间多虚词、衬字。根据词的长短可将一部分反复演唱。每支曲牌唱腔都有各式各样的节奏变化，并且男女腔齐全，均可自成一套。现保留下来的马堤吹腔曲牌有60多支，主要有【黄莺儿】【娃娃腔】【大青羊】【小青羊】【柳青娘】【桂竹香】【锁南枝】【竹云飞】等，其中【娃娃腔】【黄莺儿】【锁南枝】【山坡羊】【竹云飞】为传统五大牌子曲。同一曲牌男女唱法不同。

马堤吹腔的伴奏乐器可分为吹奏类、拉弹类和打击类三种。吹奏类主要有竹笛、笙和唢呐。竹笛为紫（红）竹梆笛，音域为两个八度；笙为17管，音域为一个八度；唢呐有高音唢呐和低音唢呐两种，音域均为两个八度。拉弦乐器以二胡、中胡、低胡为主，其中二胡为钢弦，中胡、低胡均为丝弦，音色浑厚。弹拨乐器以三弦、中阮为主。打击类乐器主要有板鼓、堂鼓、锣、钹、手锣等，与京剧打击乐一致。在伴腔时，笛子吹奏的旋律基本与唱腔相同，而笙则可加花变奏。演奏过门时，笛子可即兴发挥，与笙和二胡、低胡构成支声复调。演奏牌子曲时会兼用唢呐。打击乐器称武场，由板鼓领奏，三块铜器交替演奏，组成各种节奏型，俗称"锣鼓经"。

图四 戏剧造型

003

马堤吹腔的演出服装与京剧相同，主要有蟒、靠及头饰等。现代戏则采用现代服装，脸谱采用油彩妆。

在夏津一带，由于人们对吹腔戏的喜爱，部分村庄纷纷建立了自己的业余吹腔戏剧团。20世纪20年代中期，夏津、临清、武城一带有10多个业余剧团。1949年以后，规模较大的剧团有夏津县的马堤村和杨堤村、临清市的田庄村、武城县的吕洼村，四个村庄经常联合演出。20世纪50年代初是马堤吹腔戏的成熟和兴盛期，各剧团道具齐全，演员阵容强大，每年春节期间，各剧团会连续演出近一个月。目前，马堤村吹腔剧团规模较大，此剧团现保存有清道光年间手抄本剧本6册（其中包括20出剧目），20世纪三四十年代手抄剧本17册。现共保留剧目46个，代表剧目有《挂龙灯》《汗衫记》《三宝殿》；曲牌65个，代表曲牌有【娃娃腔】【山坡羊】【竹云飞】；保留传统戏曲服装213件。

马堤吹腔与山东柳子戏有着较为密切的关系，但有自己独特的行腔方式和舞台语言。由于马堤村特殊的地理环境和传承方式，保留了吹腔戏的原始风格特点，因此，如能将其演出剧目重新整理，对各类曲牌记谱进行分析，将有助于丰富我国的戏曲宝库。

图五　联合演出后的大合影

吕 剧（滨州）

> 2009年，滨州市的"吕剧"被山东省人民政府列入省级非物质文化遗产扩展项目名录。2011年，被国务院列入第三批国家级非物质文化遗产扩展项目名录。

  吕剧发端于山东省滨州市。1870年以前，地处黄河下游的滨州，自然灾害频发，农民生活困苦不堪，以艺谋生的人逐渐增加。他们将当地的俚曲小调编成故事，并学习"打坐腔"（即北路山东琴书）的音乐和表演样式，四处说唱演出谋生。这一时期的吕剧在音乐唱腔上，吸收民间说唱艺术——"北路琴书"和"东路大鼓"的音乐特点，以北路琴书的坠琴、扬琴为主弦乐器，后又汲取当地"抙腔""东路梆子"的表演样式，利用皮黄的部分锣鼓演奏方式，逐渐形成了简单的歌舞表演形式，初具地方小戏的基本特征。吕剧的表演形式由原来的演唱人员兼操乐器，以第三人称表述故事情节，发展为用代言体阐述故事情节、刻画人物；乐手专操乐器，退到戏台边缘伴奏，演唱人员化妆登台演出。吕剧的主要伴奏乐器仍以坠琴、扬琴、三弦为主，坠琴音色十分甜脆明朗，韵味独特。这时的吕剧在表演形式上基本完备。

  据《山东省地方戏曲剧种史料汇编》记载："20世纪初，博兴县艺人孙中新改为化装演出后，与同伴流动演出。孙中新幼时学过皮黄、东路梆子，会唱'抙腔'（源于山东博兴的另一地方戏曲），另外还能司鼓操琴。他在提高化装扬琴的表演艺术和吸收借鉴其他剧种的锣鼓经方面,都发挥了很大的作用。"他们的演出突破了旧有的曲艺形式。

1930年,"义和班""庆和班"进入济南新市场和南岗子演出。他们在剧目中增加了以章回小说为底本的连台本戏,有《王华买父》《刘公案》《兴唐诗》《大八义》等。脚色行当由原来的以"三小"(即小生、小旦、小丑)为主,发展为生、旦、净、丑四大行当。音乐唱腔包括四平、二板、流水、娃娃腔等基本板式。至此,吕剧已趋于成熟。

关于吕剧名称的由来有两种说法:一种是,在最早演出的小戏《王小赶脚》中,剧中人物二姑娘骑的驴是个驴形道具,此时的吕剧被称为"驴戏",后改称"吕戏";还有一种是,其演员多为"小两口儿",扮演的多是"小两口儿"的戏,又称双口"吕"戏。1944年,渤海根据地的《渤海日报》上刊登了吕剧剧本《双寻夫》,至此,吕剧之名广泛流传。

1949年以后,滨州兴起了农村业余吕剧团。他们除在当地演出外,还经常在淄博、昌潍等地区巡回演出;后来剧团转为国营职业剧团,灯光、布景、服装、道具、乐器等设施也渐趋完备。随着时间的推移,当地吕剧团的演出内容

图一　惠民专区吕剧团在山东省高青、青城演出留念

更为丰富，艺术水平逐渐提高，演出地域不断扩大，除当地各县，他们还经常到淄博、潍坊、烟台、青岛、德州等地演出。

吕剧包括曲牌（音乐表现形式）和剧目。吕剧曲牌共有36个，可以分为五种。第一种明清俗曲、时调类，主要有【叠断桥】【劈破玉】等；第二种古代宫廷乐府类，主要有【西江月】【闹五更】等；第三种古代词牌、古曲类，主要有【一剪梅】【鹧鸪天】等；第四种南北曲类，主要有【小上坟】【杨柳青】【靠山调】等；第五种本地艺人传承类，主要有【枣娃娃】【柳娃娃】等。

吕剧剧目鼎盛时共有300多个，按其来源可以分为七类。第一类是由孙中新等艺人自己创作的剧目，主要有《吕洞宾戏牡丹》《后娘打孩子》等；第二类是从抠腔中移植过来的剧目，主要有《王小赶脚》《站花墙》等；第三类是从梆子、京剧、琴书等中移植过来的剧目，主要有《蝴蝶杯》《唐二卖干草》等；第四类是由章回小说改编的剧目，主要有《回龙传》《兴唐传》《大八义》等；第五类是由民间传说演变而成的剧目，主要有《梁祝下山》《郭巨埋儿》等；第六类是新编古装剧目，主要有《墙头记》《喝面叶》

图二　《墙头记》剧照

《卓文君》等;第七类是新编现代戏,主要有《悠悠我心》《攀亲记》《拉郎配》《鼓韵》《杨广和》等。

吕剧的音乐源于当地的里巷歌谣、乡野小调,并吸收山东琴书中北路琴书的音乐,经历代吕剧艺人加工而成,其唱腔婉转优美。

研究吕剧音乐的形成、发展,有利于推动山东民间音乐和山东各种地方戏曲的发展。此外,考察吕剧的发展过程,有利于探讨中国戏曲的发展规律。吕剧具有短、平、快的特点,题材以惩恶扬善为主。随着时代的发展,吕剧不断融入新内容,进一步丰富了群众的文化生活,为当地文化的发展做出了重要贡献。

吕剧从诞生到现在,历经140多年,传承下来一大批优秀传统剧目,是齐鲁大地宝贵的文化遗产。21世纪,吕剧继续展现出新的风采。2008年,吕剧《鼓韵》获得首届山东省泰山文艺奖三等奖;2009年8月,《杨广和》荣获中共中央宣传部"五个一工程"奖。

渔 鼓 戏

> 2006年，沾化县（现改为滨州市沾化区）的"渔鼓戏"被山东省人民政府列入第一批省级非物质文化遗产名录。

渔鼓亦称"道情"，原是道士们唱的曲调。它源于唐代《九真》《承天》等道曲，主要用来诵经、传播道教教义。南宋时开始用乐器渔鼓、简板伴奏，故称"渔鼓"。元杂剧《岳阳楼》《竹叶舟》等剧中就有渔鼓腔穿插

图一　沾化胡营村道观遗址及出土文物　　　　（摄影：王先锋）

其中。明清以后其影响逐渐扩大,后来成为比较流行的曲艺形式。我国大约有20个省流传有"道情",山东省的济宁、菏泽、临沂等地,也曾有艺人演唱。

渔鼓戏是胡营村的艺人们在原来渔鼓腔的基础上,增加部分锣鼓,吸取其他剧种的精华,揉进武术动作,搬上舞台化装演出,从而发展成的一种新的戏曲剧种。据胡营村老人介绍,清雍正元年(1723年)所修道观乃明朝正统年间所建。据说,胡营村一胡姓的祖先胡恪是位将军,因镇守胡家营一带,平海盗、缉私盐有功,朝廷将此处田产封给他,现在该村仍有一处胡家宅子遗址。由于胡姓将军每年的俸禄是一千石米粮,人送雅号"胡千石"。胡千石与本村边、刘两大户人家共同捐资重修此道观,胡营村至今还有"胡千石、边八百、刘半千"之说。胡千石的后人胡仁谦还把这段故事编入了渔鼓戏剧目《湘子出家》,为当地人所传唱。

据史料记载,演唱、改编渔鼓戏的先人们有着很自然的分工。胡仁谦、刘喜、刘安、刘泰是官宦子弟,有文化、有见识,负责创作、改编剧本;边刚、边强、边达信、宋振等人是武术世家,负责排演和练功。当时,渔鼓戏的先人们借用渔鼓剧目的内容改编、完善、排演了《西岐》《东游记》《西

图二　渔鼓、简板、越胡、三弦

游记》三个连台本戏。

渔鼓戏形成初期，伴奏较简单。随着艺人们舞台经验的不断积累，伴奏得以不断完善，有了自己的锣鼓点。每年九月香火会，艺人们便在道观前搭台专唱会戏，春节期间艺人们也会上台演出，演出会持续到次年正月以后；艺人们还经常应邀到邻村或外乡义务演出。19世纪末20世纪初，由于政治清明，百姓生活稳定下来，渔鼓戏在沾化一度兴盛起来。"活洞宾"刘汉儒、边希田、"小旋风"边昌、"震破鼓"边廷荣等艺人在当地及方圆几百里颇有名气，他们在当地巡演、授徒，使业余剧团人员逐步扩充到40多人。在清同治年间，渔民刘元亨等人，在捕鱼期间把渔鼓戏传授给河北黄骅沿海冯家堡、赵家堡、歧口一带的渔民。黄骅一带学唱渔鼓的艺人在渔船上演唱，受条件限制不能够搭台拉架子排场，只能"盘凳子"坐场演唱。20世纪40年代末以后，渔鼓戏在党的文艺方针的指引下，有了新的发展。以胡家营、刘汉三剧团为代表，渔鼓戏成为沾化城乡赶会、闹节的主要艺术形式。

渔鼓戏最具特色的部分表现在声腔演唱上。唱腔以三句为一乐段，首尾有引腔、锁腔及一唱众合的帮腔形式，加上贯穿唱腔整体的渔鼓伴奏，伴随着锣鼓点，形成了跌宕连绵、别具一格的艺术特色，这在戏曲剧种中极为独特。渔鼓戏唱腔的基本风格是，唱腔质朴明快。演唱的艺人善于用乡音土语化雅

图三　新排渔鼓戏《洞宾戏牡丹》剧照　　　　　　（摄影：王先锋）

图四 《审衙役》参加第四届中国滨州博兴小戏艺术节 （摄影：刘新武）

为俗，吐字清晰，润腔自如，再结合当地船号所形成的"领合呼应，击鼓以节"，形成了"帮、打、唱"三位一体的演唱形式。唱腔音乐的旋律在五声调式的框架内，以高昂、明快见长；唱腔音乐的句式结构主要是"三句体"，每一句唱腔总有两次躲板、闪眼，而每半句句尾总有切分节奏的巧妙装饰，经过这种空空、闪闪、停停、放放之后，又集中在第三句上展开12小节长度的大甩腔，特色鲜明。

渔鼓戏的伴奏器乐是由大锣、铙钹、小锣、小镲组成的武场乐组；演奏的渔鼓戏锣鼓点以"三番子"为标志，以三拍为一反复段，又以大锣等全乐强击收束在锣经的弱拍和后半拍上。渔鼓戏主奏乐器为越胡、三弦、渔鼓，三者能合奏出渔鼓戏唱腔高昂、古朴的声韵。渔鼓戏的表演形式也极具特色。其表演动作、排场、演技以戏剧动作为基础，揉进传统武术动作，并吸收其他戏曲的表演程式，构成了以"硬功为实、花架为辅"的亦功亦舞的套路，有别于京剧、吕剧等其他剧种。渔鼓戏吸收了传统武术动作中的"大鹏展翅""拨云见日"等动作，表演时很精彩；此外新编的动作还吸收了兄弟剧种及现代舞蹈的一些精华，比如"泥路顿步舞""美丑锣经舞"等，形象生动，趣味横生。渔鼓戏生、旦、净、末、丑行当齐全，剧本内容以传统渔鼓戏上八仙、中八仙、下八仙的故事为主，有《湘子出家》《八仙庆寿》

《洞宾戏牡丹》等剧目。

　　为了渔鼓戏的传承和发展，2006年3月，当地组织有关戏曲专家深入胡营村，将老艺人记忆中的《二度》《高老庄》《出家》等多个剧目加以整理；2006年5月，当地成立了中国沾化渔鼓戏剧团，编排了新剧目《审衙役》。在第四届中国滨州博兴小戏艺术节上，《审衙役》荣获最佳推荐剧目等七项大奖。

东路梆子（惠民）

> 2006年，惠民县的"东路梆子"被山东省人民政府列入第一批省级非物质文化遗产名录。

惠民县东路梆子已有300多年的历史。明末清初，山西同州梆子的流散艺人随商船沿黄河来山东谋生，在此期间他们到处演唱和传授同州梆子（即梆子腔）。1628年，同州梆子传入惠民，随之在当地兴起。经过艺人们的加工、创

图一　东路梆子伴奏乐器

作,同时受到当地方言、民间戏曲的影响,这种同州梆子在念白、唱腔、表演等方面有了很大变化。在当时同州梆子与横笛梆子(即河北梆子)曾同台演出,二者都被称为梆子腔。为了区别这两种梆子,人们便将流行于济南以东和东北地区的梆子腔称为东路梆子。清嘉庆年间,惠民大湾村艺人张久成、张广成等人进一步发展了东路梆子,使其盛极一时。到清末,东路梆子的流行范围已涵盖山东大部分地区和河北南部。

东路梆子人才辈出,以惠民韩龙章村韩振铎(外号"咬断弦")为主演的"五虎班"最有名。"五虎班"聚集了无棣小泊头的刘长庚(外号"银娃娃")、沾化的卜云秀、乐陵房家的房凤亭和王鹤先、商河殷巷的王延贞等东路梆子好手。"五虎班"的巡演区域北到沧县、南至济南、东到胶东、西至德州。以郭廉孝为首的"三合班",连续演出30多年,足迹遍布泰安、济宁等地。其他班社如商河县"万字科班"的"三万(即万和、万贞、万庆)"、惠民"全字科班"的"四全(即花脸全武、红生全成、青衣全桃、花旦全花)""火食科班"的刘长庚等,也都比较有名。其他剧种的艺人也时常向东路梆子中的知名艺人学习,以丰富自己的技艺,如著名五音戏老艺人"鲜樱桃"邓洪山,就曾向东路梆子名旦韩振铎学习表演艺术。

图二　东路梆子所用部分行头及道具

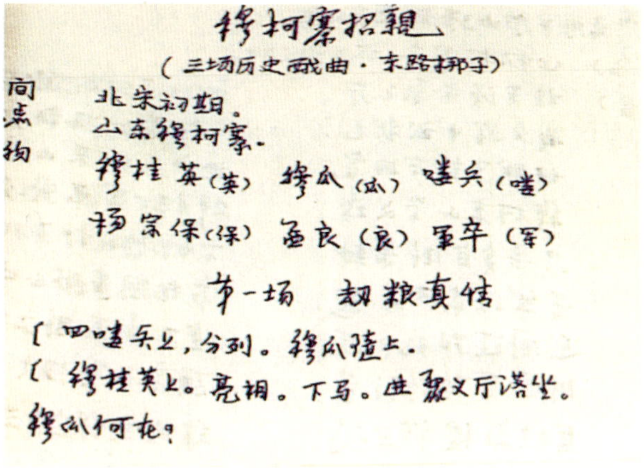

图三 东路梆子《穆柯寨招亲》剧本内容

东路梆子的唱腔属于板腔体，板式很多，有大一板即大慢板、二板（也叫慢二板）、三板、四板、尖板、小导板、一句一打、三泣板等。此外，还有很多曲调，如乱弹、昆腔、柳腔、娃娃腔、滑稽腔、戳腔、磨古噜油子、倒拉车、叫板等20多种。东路梆子的曲牌也有数十种，其中仅唢呐牌子就有【大开门】【小开门】【水龙吟】【点绛唇】【大泣颜回】【悲泣颜回】【起营】【唢呐皮】【滴溜子】【慢中紧】【紧中慢】等20多种；弦乐牌子也有【八板】【海青歌】【花梆子】【哭皇天】【万年欢】【工尺上】【柳摇金】【八岔】【傍妆台】等10多种。东路梆子的行当十分齐全，脸谱正规，服装要求严格，艺人们一直都坚持"宁穿破不穿错"的原则。表演所用的文场乐器有大胡琴、月琴、小三弦、笛子、大唢呐、小唢呐、笙、二胡、低胡，武场乐器有板鼓、各种大锣、铙钹、小锣、梆子、小钹、铃、木鱼、堂鼓、低音鼓。

东路梆子剧目的题材十分丰富，大致可分为四类。以描写帝王为主要内容的剧目有《国公图》《高平关》《下河东》《下南唐》《打枣》《临潼山》《打銮驾》等，民间生活类的剧目有《马二送祟》《杨三孝打鞭》《打灶王》《腊梅算卦》《邓大姐吃席》，以民族英雄为主角，并宣扬爱国主义的剧目有《破洪州》《两狼山》《三劈关》《马三保征西》等，描述农民起义的剧目有《反徐州》《打渔杀家》《坐楼杀惜》等。除此之外，还有一些别的题材，如反映神话传说的剧目《槐阴记》《火焰洞》《锁云囊》，描写爱情的剧目《刘金定》《桃花庵》《打彩》《逛灯》《二度梅》《牡丹亭》《穆柯寨招亲》等。

东路梆子唱腔多样，生、旦、净、末、丑各行当都有自己的唱腔。艺人们在表演时先吐字,后拖腔。吐字用真嗓,清晰明了;拖腔用假嗓,也就是"吼",听起来高昂、优美。

东路梆子的表演粗犷,讲究运用绝活,如纱帽功、甩发功、髯口功、踢鞋功、台步功等。擅长演须生的郭廉孝,嗓音洪亮,文唱武打俱佳,他在济南表演《反徐州》"徐达决意造反"这一片段时,就运用了纱帽功这一绝活。艺人在扮演《打棍出箱》中的范仲禹时,能将一只鞋子向上踢起,使它恰巧落在头戴的方巾上。其他如《坐楼杀惜》中宋江的踢带,《打侄上坟》中陈在官的甩发、蹲坐也相当精彩。

东路梆子的剧目原有400多出,经过300多年的发展,至今仍存有几十出。东路梆子对于培养民族情感、促进和谐社会建设具有积极作用。

吕 剧（博兴）

> 2006年，博兴县的"吕剧"被山东省人民政府列入第一批省级非物质文化遗产名录。2008年，被国务院列入第二批国家级非物质文化遗产名录。

1870年前后，地处黄河下游的山东博兴，以艺谋生的人渐增，他们学唱当地流行的杂曲小调和"打坐腔"，四处流浪。当时比较有名的民间艺人有孙中新、张连信等，他们在化装扬琴的基础上经过多次改革，增加了复杂的乐队伴奏以及简单的武打场面，使化装扬琴具备了戏剧的基本特征，形成了吕剧的雏形。

吕剧因其浓郁的乡土气息和生动活泼、朴实优美的演出风格，深受广大群众的喜爱和欢迎，演出队伍也不断发展壮大。20世纪初，博兴县孙中新、张连信收吕艺镇刘官村的张兰田、徐振同等人为徒，共同演出；杨长兴、王乐堂等9人组成了"顺和班"，在济南新兴市场"路生茶园"演出；1920年，艺人张传海、张明然、张传河等人组成了"义和班"和"庆和班"。至此，吕剧脚色行当发展为生、旦、净、末、丑诸行并茂，基本唱腔固定在四平、二板、流水、娃娃腔等样式上。

吕剧共有36个曲牌，可大致分为五类。明清俗曲时调类包括【叠断桥】【劈破玉】等；古代宫廷乐府类包括【西江月】【闹五更】【浪淘沙】【铺地锦】等;古代词牌、古曲类则包括【一剪梅】【鹧鸪天】【太平年】【莲花落】【清江引】【银柳丝】等。除了以上所列,另有南北曲和本地艺人传承这两大类。南北曲牌主要包括【小上坟】【杨柳青】【靠山调】【姐儿调】【边关调】【凤阳歌】等,由本地艺人传承而来的曲牌主要包括【枣娃娃】【柳娃娃】【娃娃腔】【嫁老雕】【呀儿哟】等。

吕剧剧目繁多,鼎盛时共有300多个,一般通过移植、改编或由艺人自己创作。由拽腔移植的剧目,主要有《王小赶脚》《站花墙》《丁僧扫雪》《梁赛金擀面》《风筝记》《双锁柜》等;由梆子、京剧、琴书等移植的剧目,主要有《蝴蝶杯》《唐二卖干草》《下江南》《朱砂记》《小姑贤》《下苏州》等;由章回小说改编的剧目,主要有《回龙传》《兴唐传》《大八义》《金镯玉环记》《蜜蜂记》《千里驹》等;由孙中新等艺人自己创作的剧目,主要有《吕洞宾戏牡丹》《后娘打孩子》《三打四劝》《看瓜园》《双配合》《李怀玉借妻》等。

吕剧剧目的内容十分丰富,有的剧目揭露社会黑暗,惩恶扬善,如《丁僧扫雪》《清官断》《借当》等,它们将结局设置得很圆满,让人感到"善有善报,恶有恶报"的天理循环法则是始终存在的。有的剧目也表现家庭和睦,如

图一　吕剧表演

图二　吕剧表演所用乐器

《小姑贤》《郭巨埋儿》《后娘打孩子》等，既传达出"家和万事兴"的观念，又教育人们要尊老爱幼。有的剧目写历史演义，如《回龙传》《兴唐传》等，让人们对历史有了相应的了解。但大部分剧目的内容是反映爱情故事的，如《梁祝下山》《老少换妻》《王小赶脚》《借年》等，它们或凄婉感人，或活泼风趣，深受人们的喜爱。

吕剧的伴奏乐器根据文、武场略有不同，文场有坠琴、扬琴、二胡、唢呐、笛子、笙、琵琶等。武场有堂鼓、皮鼓、大锣、手锣、钹、板等。坠琴是民间艺人用草鱼皮、鲤鱼皮、青蛙皮和香椿木等材料自制而成，音色独特。民间艺人周云增，自制了一种可由一人操作的乐器架，这种乐器架集皮鼓、堂鼓、挎板、手锣、大锣、钹于一体，非常实用。

吕剧的曲牌和音乐品种十分独特，由古代多种曲牌组成，并独创了用当地方言演唱的四平腔。吕剧的演唱和白话全用博兴当地方言，博兴方言在唱腔发音方面接近普通话，剧情又贴近群众日常生活，人们易于接受。吕剧唱腔优美，通俗易懂，多由山东琴书中的民间小调发展而来。吕剧剧本演出时间可长可短，吕剧各种行当齐全。

吕剧由山东琴书发展而成,在全国具有较大影响力,是山东省的代表性剧种。其形成和衍变过程,为我们研究民间艺术的发展提供了鲜活的资料;吕剧的表现形式沿用明代传统的曲牌,有其独特的结构方式,研究这门艺术,对于研究民族音乐的发展变化也有着重要意义。

吕剧从形成到现在,传承下来一大批优秀剧目,极富生命力。吕剧经过不断的传承和创新,不断融入新的时代内容,丰富了群众的文化生活,繁荣了文化事业,为构建和谐社会贡献了自己的一份力量。

扽　腔

> 2006年，博兴县的"扽腔"被山东省人民政府列入第一批省级非物质文化遗产名录。

在200多年以前，山东省博兴县及周边地区形成了一个剧种，红透淄博、潍坊、青岛、济南等地，这就是扽腔。

17世纪中下叶，地处黄河下游的博兴县因黄河泛滥，灾荒连年，人民生活十分穷困，以艺谋生的人渐增，他们演唱当地流行的杂曲小调。当时，博兴县吕艺镇民间艺人杜兰喜吸收民间杂曲的一些元素，将故事情节贯穿在表演中。由于曲调抑扬顿挫，唱腔真假结合，有时一扽一停似滚轱辘，故称"扽轱辘戏"。这种艺术形式的出现，适应了当时群众的文化需求，一时间当地开始流传"听见杜兰喜唱，饼子贴到门框上"，"听见杜兰喜的声（佘），丢了纺花车（儿）"等谚语。

图一　扽腔表演

抻腔最初以"杜家班"的传承模式在杜姓家族内传承,在当地有较大影响。1845年前后,纳入外姓,结束了家族传承模式,抻腔获得了更大的发展空间。抻腔在清光绪年间达到鼎盛,剧目繁多,内容丰富,演出阵容强大,演职人员达40多人,盛行于淄博、东营、青岛、济南等地,艺人在济南、淄博还专门开班授艺。1910前后,吕剧在博兴县逐步兴起,吕艺镇刘官村艺人用纸糊毛驴,系在腰间演出,群众把这种戏称为"驴戏"(吕剧)。因刘官村与高渡村临近,故有"刘官跑驴高渡抻"的双关语,"抻"在当地方言中有捉、拿的意思。到20世纪50年代,博兴县马立廷在下乡辅导文艺节目时,被这种鼓板伴奏的艺术形式打动,为提高演出效果,马立廷以板胡为主,辅以扬琴、二胡、笛子、三弦、笙等乐器,第一次为抻腔配上了文场伴奏,使这一戏剧的表演方式更加丰富。近年来,博兴县在继承与创新的基础上,挖掘剧目,改革唱腔,成功创作出《人间真情在》《好亲家》等新剧目。

抻腔的行当齐全:生行有老生、小生、红生,旦行有刀马旦、青衣、彩旦,净行有红脸、大花脸、二花脸,丑行有文丑、武丑、丑旦。各行当的脸谱与京剧脸谱相近。戏剧表演程式比较固定,各个行当、脚色互不相同,旦角讲究"青衣走,大甩手;小旦走,起风摆柳";大花脸讲究功架、气质,要求气

图二　老生剧照

度恢宏，以唱见长等。

抽腔中各类角色的唱腔类型突出：旦角委婉悠扬，老生浑厚正直，花脸刚直豁达，小生通俗流畅。抽腔的唱词运用当地的方言俚语，还加入许多衬词，一般都是七字上下句，或加上"三字头"变为十字上下句。这种唱词结构也影响了戏剧的曲体结构，一般多为简单的上下两句体，或者在上下两个乐句的基础上发展、变化，构成四句或六句的乐段。小生和旦角的唱腔是上下两个乐句的简单曲体结构，属七声音阶宫调式；老生、老旦、花脸唱腔属另一类型。

抽腔唱腔板式通常分为慢板、原板、快板、跺板、急板、散板。慢板为三眼板，多在叙述性或感情性较强的唱段中使用，曲调婉转动听，速度缓慢；原板为一眼板，长于叙事；跺板为无眼板，长于表现急促的叙事或争辩；急板在表现剧中人物情绪突然转变，遭受重大挫折或心情激动时使用，营造紧张气氛，说唱性强；散板多用于唱段的开始或末尾，带有引子的性质，节奏自由。在抽腔的大段唱腔中，也有成套运用各种板式的，从慢板、原板、跺板转散板，有慢有快，有张有弛。《葡梅架》的旦角唱腔就比较典型。

抽腔的唱腔曲牌主要有【娃娃腔】【乱弹】【昆腔】【将军令】【水龙吟】等。抽腔剧目在形成和发展过程中博采众长。其传统剧目有100多出，既

图三　新编大型历史故事剧《孝子桥》剧照

有表现农民生活的小戏，又有反映才子佳人的爱情大戏。经常演出的剧目有20多出，如《王盘吵年》《观灯》《父女斗》《双钗记》《二堂训子》《曹庄杀狗劝妻》《刘素真挂帅》等。

抟腔原本只有武场，用鼓板指挥，并包腔伴奏。近年来，为提高演出效果，增加了文场。文场主奏乐器有板胡、扬琴、二胡、笛子、三弦、笙等。武场主奏乐器有板鼓、大锣、铙钹、手锣、碰铃、云锣、堂鼓、水钹等。

抟腔在发展过程中，继承民间小调，对其他戏曲进行吸收和改良，唱腔音乐多源，板式简约质朴。作为地方戏曲缩影的抟腔，能够进一步带动和促进地方戏曲的发展。抟腔的许多剧目都表现了清正爱民、精忠报国、尊老爱幼、扶危济贫等品德，丰富了群众的文化生活。

为了将抟腔传承下去，当地开展了相关普查工作，同时整理手头掌握的传统剧目；专业人士积极排演剧目，并将其搬上舞台；"博兴县抟腔剧团"的成立，为抟腔的发展注入了新的生机和活力。

山东梆子（菏泽）

> 2006年，菏泽市的"山东梆子"被山东省人民政府列入第一批省级非物质文化遗产名录。2008年，被国务院列入第二批国家级非物质文化遗产名录。

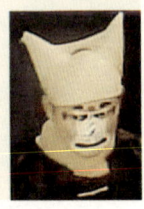

图一　山东梆子表演技巧变草帽图

　　山东梆子，又名"高调梆子"，简称"高调"，距今已有三四百年的历史。它起源于山陕一带的梆子腔，越太行而入山东，最初流行至菏泽而成曹州梆子，继而东行至汶上成汶上梆子，受当地方言和民间音乐影响，逐渐演变成山东梆子。山东梆子的分布范围以菏泽为中心，遍及济宁、泰安、临沂等地。以菏泽（旧曹州府治）为中心的梆子，习称"曹州梆子"；以济宁、汶上为中心的梆子，习称"汶上梆子""下路调"，旧时统称"高调"。

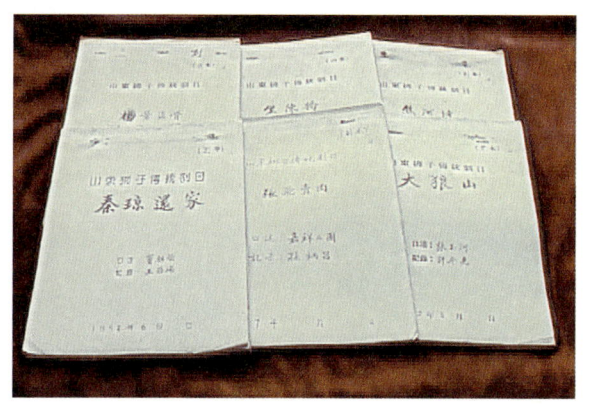

图二　传统剧目手抄本

山东梆子的唱腔音乐属板式变化体，唱词结构为上下句式。以七字句和十字句为主，也有数字不等的长短句。男女声腔同宫同调，都是七声音阶徵调式。唱腔的基本板式分慢板、二八板、流水板、非板四大类，还有一些是在此基础上变化形成的其他辅助板式。

山东梆子具有规范的表演程式，注重技巧特长。表演程式分为个体程式、技巧程式和套路程式。个体程式较为单一，如山膀、云手、推圈等，各行当都有基本的规范要求。技巧程式分为一般性技巧、特技和绝技性技巧。腰功、腿功、基本功、软毯子功、硬毯子功和桌子功是一般性技巧，翎子、甩发、髯口、水袖、折扇等可称为特技，而沿铡、爬杆、滚棚则属于绝技性技巧。

山东梆子的主要剧目包括传统剧目、新编历史戏、现代戏。传统剧目有

图三　《山东汉子》剧照

"老十八本",即《春秋配》《梅降亵》等;"四大征"即《穆桂英征东》《秦英征西》(《对松关》)等。内容多取材于传说故事,反映不畏强暴、敢于反抗等理念,并通过"反""打""骂"来体现剧目的主题思想。在现存的400多出抄本中,还有一部分反映民间生活的小戏,如《三劝》(《老于婆劝架》)、《三怕》等。新编历史戏《墙头记》,于1982年由中央新闻纪录片厂摄制成彩色影片。现代戏主要有《山东汉子》《龙门渡口》《选村官》《忠诚》等。

山东梆子程式丰富,注重技巧,节奏感强烈,有较高的艺术欣赏价值。山东梆子体现了中华民族的传统美德,满足了人民群众的文化需求;它的剧目取材于民间传说、历史故事,对于研究地方文化具有参考价值。

如今,山东梆子有了新的发展,菏泽市戏剧院山东梆子剧团创作排演的现代戏《选村官》《龙门渡口》《山东汉子》均获山东省"五个一工程奖",其中《山东汉子》获文华新剧目奖,入选"国家舞台艺术精品工程"。

枣　梆

> 2006年，菏泽市的"枣梆"被山东省人民政府列入第一批省级非物质文化遗产名录。2008年，被国务院列入第二批国家级非物质文化遗产名录。

枣梆是山西上党梆子流入山东菏泽后，受当地语言影响逐步发展而成的，因以枣木梆子击节伴奏，定名为"枣梆"。

光绪初年（约1875年），有一个名为"十万班"的班社从山西来到鲁西南，在郓城、菏泽等地流动演出了一年多，在此期间，山西"泽州调"在郓城等地留下了种子，并逐渐传播开来。潘朝绪（绰号"大闺女"，枣梆艺人尊称他为"潘师爷"），先后在郓城的刘口、樊庄、郭屯、于庙、张集、方庙（原归郓城，后划归梁山县）、南旺等处收徒传艺。第一批枣梆艺人在郓城县组成了第一个枣梆职业戏班，取名"义盛班"，并将"围鼓清唱"搬上了舞台。后来，"义盛班"分成"高升班""义和班"，在鲁西南一带流动演出。

1915年，艺人吴凤珠（艺名"小拔儿"）在郓城县吕公堂创办科班，培养出"新"字辈的演员王新鼎（艺名"大金鸽"）、梅新贺（艺名"小明"）、毕新阁、李新胜等；之后，他又相继创办"祥""永""圣"字等科班。角色行当以红脸（正生）、黑脸为主，小生、小旦次之。1925年前后，河北大名等地又有一批上党梆子演员前来加入班社，并带来一批剧目，如《徐龙铡子》《铜花杯》《海棠关》等，丰富了枣梆的剧目，提高了艺人们的表演水平，推动了枣梆剧种的发展。职业班社的演出受到群众的欢迎，学唱"泽州调"的人也从郓城扩展到当时的梁山、巨野、鄄城、菏泽等地。许多地方的群众自动聘师学艺，筹办科班。这些科班以鲁西南为基地，活动范围遍及河南、安徽、河北一带。

枣梆的唱腔既高亢激昂，又欢快活泼，特别是旦角花腔，优美动听。枣梆各个行当的艺人在演唱时，都使用大本腔（本嗓）与二本腔（假声）相结合的唱法。真嗓吐字，假嗓拖腔，由真嗓突然翻高而成假嗓，这个假嗓拖音很长。红脸、黑脸的唱腔尾音，用假声立嗓，翻高八度，发"讴"或"啊"音；小生、小旦的立嗓尾音，发"咿呀"声。

枣梆有丰富的唱腔板式。主要板式有大花腔（四十八梆）、二板大花腔、流水花腔、栽板小花腔、慢板（二板）、落二板、二八铜（分紧二八、慢二八）、流水板、紧垛板、慢垛板等。专戏专用的唱腔板式有奏曲调、娃娃调等。枣梆的二板分为四句二板、六句二板。常用的是四句二板，它结构严谨，曲调优美，是较为抒情的曲调，多用于表达人物恬静、喜悦的心情。流水板是上下句结构，曲调流畅，在实际演唱中速度变化较大，快唱时较为活泼，多用于表达人物欢快的心情；慢唱时，较为平静柔和，多用于人物平静的对话及叙事。

枣梆的传统剧目有七八十个，大部分为历史题材。多取材于杨家将、梁山英雄等故事。此外，枣梆的传统剧目中还有一些唱皮黄的剧目，如《天水关》《取巴州》《沙陀国》等；唱罗罗的剧目有《时迁打铁》（时迁妻唱罗罗，时迁唱三板笛戏）；唱昆腔的剧目有《赐福加官》。整理改编的传统剧目和新编历史

图一　枣梆《徐龙铡子》剧照

剧有《徐龙铡子》《狄青借衣》《无底洞》等。1949年以后,创作演出的现代戏还有《白毛女》《党的女儿》《柯山红日》《牡丹向阳开》《生儿容易养子难》《鸳鸯歌》《走出大山》等。

早期的枣梆班社仅十六七人,行当划分和脚色分工不严格。如演红脸、黑脸为主角的剧目,旦角演员同时扮演龙套;无专行丑角,均由其他闲角兼演,后渐有生、旦、净等行当分工。生行分大红脸(相当于京剧的老生)、二红脸(或称"老外",扮演剧中次要男角或白发老者)、三红脸(扮演护院一类人物)、小生(文武兼演)。旦行分青衫子(相当于京剧的青衣)、红衫子、二小旦和老旦。净行分大花脸(或称黑脸,有时兼演白脸)、二花脸(又叫武二花)。如今的枣梆生、旦、净、末、丑行当齐全,阵容整齐,实力雄厚。

枣梆的伴奏乐器为锯琴(头把)、二把、三把。锯琴又名"唧唧唧",俗称"头把弦",形似板胡,稍短,筒子由椿木制成,前粗后细,也可前细后粗;用梧桐薄板蒙面,杆较短,千斤与筒子之间的距离很近,码子的位置在梧桐板面的顶端;弓子用一寸左右宽的竹篾制成,上系一绺粗马尾,二轴,二弦,弦用羊肠炮制。锯琴是高音乐器,其音色高亢明亮,穿透力很强,音域宽广。二把的式样与锯琴基本相同,但筒子前后一般粗细,弓子也用竹篾制成。二把也是高音乐器,但比锯琴低八度,风格独特。三把类似二胡,杆较长,外弦用丝弦,里弦用皮弦。此外,枣梆的伴奏乐器还有笛、笙、三弦、二胡和琵琶等。枣梆伴奏的打击乐器与山东其他梆子剧种的打击乐器大致相同,有时也加霸王鞭伴奏。敲击的枣木梆子,长约26厘米。

枣梆的现代戏,贴近生活、贴近群众,既充分展示了当地的风俗

图二　枣梆主要乐器锯琴

文化，又反映了鲁西南人民丰富多彩的生活，对研究我国北方地区的风土人情具有重要的参考价值。枣梆有丰富的曲牌，对研究我国北方戏曲音乐具有重要意义。

近年来，社团与戏剧院都在大规模招收和培养新学员，为枣梆储备人才；艺术研究所和剧团先后整理、出版、制作、发行10多出传统剧目的音像光盘，并将部分老艺人的唱段制成光盘，方便让更多的人了解和学习这一传统戏剧。枣梆艺术传承至今，光彩依旧，展现出更强的生命力。

大弦子戏

> 2006年,菏泽市的"大弦子戏"被山东省人民政府列入第一批省级非物质文化遗产名录。

大弦子戏,属于弦索声腔,距今已有500多年的历史。它是在元明俗曲小令的基础上,吸取众多民间俗曲发展而成的多乐调的戏曲声腔类型。大弦子戏最初以三弦为主要伴奏乐器,被称为弦子戏。因成立班社的时间、艺人人数和

图一　伴奏乐器笙

艺人的演出水平不一样，分为大、小班，大班称大弦子戏，小班则称小弦子戏，现在统称"大弦子戏"。

在今河南滑县发现的《滑台重修明福寺碑》的碑阴上载有："以上布施除修葺佛塔外，敬献大梆戏、大弦戏各一台。"由此可知，明中叶已把该剧种作为地方大戏以供敬神之用。清乾隆年间，李绿园《歧路灯》写道："山东过来的大弦子戏，陇西过来的梆子腔，黄河北的卷戏，山西泽州的锣（罗）戏。"可见在清代大弦子戏已经相当流行了。

清乾隆之前，山东曹州及开封、漯河一带有18个大弦子戏班社。清中叶以后分为"礼（李）""敬""旺（汪）"三门，清末又续"洪"门，他们的主要活动区域在鲁西南一带，涌现出高文中、郝福云、曹景清等一批著名艺人。三种流派各自发展，"旺"门归山东，"礼"门归豫北，"敬"门往西而去。

大弦子戏的唱腔韵味各异，运用宫调转换手法，每个曲牌通常派生出高、中、塌三种演唱形式，大大增强了曲牌的表现力。

大弦子戏曲牌繁多，结构严谨，曲调行腔委婉，调式丰富多变。它的曲牌按乐器类别分为【锡笛曲】【罗笛曲】【竹笛曲】【大笛曲】等。【锡笛曲】

图二　登台前夕，演员们各自拿捏着动作

图三　大弦子戏《两架山》剧照

以锡笛为主要伴奏乐器，它是大弦子戏唱腔的主要部分，所含曲牌有【一封书】【高黄莺】【塌黄莺】等。【锡笛曲】除了使用锡笛，还配以三弦和笙，曲调丰富、旋转性强；其中有多种曲子行腔长、过门长、节奏多变，在一首曲子中，开始为散板，后接慢三眼、快三眼，速度逐渐加快，最终以散板结束。按曲牌的俗雅分为【细曲】【粗曲】，按曲牌的艺术形式分为【文曲】【武曲】。有的曲牌通过变格形成很多唱法，仅【山坡羊】一曲，就有23种唱法。大弦子戏在唱曲牌时，传统的用法是既不联套又不接板或转调。不管调高是否一样，都是唱完一曲再另起一曲，尤其是不同调高的曲牌，即使具有四度、五度的关系，也要通过念白停顿或击乐间奏等形式隔开另起。

大弦子戏在形成发展过程中，博采众长，兼收并蓄，传统剧目有"唐三千，宋八百，唱不完的三分国"之说，足以说明它的剧目数量之多。清朝各正式班社都有"戏签斗"，他们在一个签斗内盛入若干竹签，在竹签上分别写上不同的剧目名称，抽出什么，演唱什么，到年终封箱，将抽出的签再放回"戏签斗"，这样可以经年不唱重戏。演员演出的剧目大部分是袍带戏，多取材于《封神演义》《东周列国志》等书及其他民间传说。大弦子戏中经常上演的剧目有《牛头山》《蟠桃会》《战洛阳》《单雄信打店》等。这类剧目以前都没有统一的定本，全凭艺人口传心授，唱词较为深奥规整。1949年以后，整理、改编、移植的传统题材的剧目有《两架山》《金麒麟》《奇中义》等，现代戏有《江姐》《琼花》《沙家浜》等。

大弦子戏经过长期的舞台演出实践，形成了武戏粗犷豪放、文戏细腻典雅的独特艺术风格。演员在台上的基本程式动作是踢脚、分手亮相、打飞脚，即使大家闺秀穿着裙子也能打飞脚。武场多使用真刀真枪，功架一般按照武术"大洪拳"的法式，一招一式都要求在"点子"上，有"脚蹬锣、手按镲"之说。大弦子戏程式动作相当丰富，注重技巧技能，强调渲染气氛、配合剧情发展，采用载歌载舞的手段，将生活动作升华提炼成形体语言，还采用虚实相生的手法取形摹真，使舞台表现愈加出神入化。演员练功讲究"四功五法"，即念、唱、做、打和手、眼、身、法、步。演员的基础功夫一般包括腰功、腿功、毯子功、把子功和桌子功等，有一个由易到难、由简到繁的训练顺序，这些基本功是其他套路程式的基础。

早期的大弦子班社，生、旦、净、末、丑行当齐全，随着剧目的日渐增多，为完美地体现剧中内容，角色行当又有新的沿革和发展。按体制分为生、旦、净、丑四大门类，其中红脸及末行均归入生行。大弦子戏脸谱一般分为红脸、黑脸、二花脸、小花脸及奸白脸等，多属净、丑行。生行中的红脸也有红色脸谱，是山东地方大戏类型的一大特色。目前，山东省艺术研究所藏有1958年前后大弦子戏老艺人手绘的37幅传统脸谱。

大平调（牡丹）

> 2006年，菏泽市牡丹区的"大平调"被山东省人民政府列入第一批省级非物质文化遗产名录。2008年，被国务院列入第一批国家级非物质文化遗产扩展项目名录。

大平调是山东梆子声腔系统中的地方大戏剧种，因其唱腔音乐比山东梆子、河北梆子的音调低，故又称"平调"，又因其击节用的梆子特大（长约二尺），故被群众称为"大油梆""大梆戏"，现在统称为"大平调"。

大平调这一古老剧种，距今已有500多年的历史。流行于曹州（今菏泽市）一带的大平调，被称为"河东平"，即黄河以东的平调流派。另有"东路平"流派，亦称"开州平"，以开州（今濮阳）为中心，主要班社有清丰县的"洪家班"。"洪家班"自清乾隆年间建班至20世纪50年代，管主传承七代，与南乐"万家班"、濮阳"范家班"成鼎足之势。另外，还有濮阳的"陈家班""二花袄班"等。夏凤山、董兴、刘秋林、刘玉平、孙福远、翟德贵、傅银锁、二斗半、十三晃等都是这一支派的代表演员。此外，还有"西路平"，以滑县为中心，也称"滑县平"，流行于浚县、内黄、滑县、延津、鹤壁等地，主要班社有滑县的"公兴班"、内黄的"大盛班"、浚县的"同乐班"等，黑妞、三和尚、响八县、窦福玉、连举、张法旺（道妞）、李春荣等，是这一流派的代表艺人。

图一 主要乐器

大平调的唱腔音乐属梆子声腔,为板式变化体。最初的演唱形式是"板凳头",即地摊性质。演员演唱时,一桌一椅,四条凳,司鼓居中,梆、弦、锣、鼓排坐两侧,呈弧形面向观众。开场程式至今还流传有"擂鼓鸣金不起梆,尖子(尖子号)敬明皇,三起三落君臣定,弹拨韵齐枣木梆"的说法。从清中叶开始,大平调在高台演出已相当普遍了,戏班营业演出已成为艺人谋生的重要手段。俗语"登高台,跑断腿,吃干馍,喝凉水,又装神,又弄鬼,哭爹叫娘为的嘴",便是当时大平调艺人生活的真实写照。此后,随着大平调的盛行,大平调班社间的竞争日趋激烈,戏班为招揽观众、增加收入,每每"对戏",他们都竭尽全力,巧创绝招。这样不仅壮大了大平调的队伍、提高了大平调的艺术水平,还涌现出一批著名班社和专业人才。如曹县"袁家班"、原菏泽县"尤家班"、彭堂"天兴班"、东明县东明集的"耿发深班"、东明县城南15里包其营"三鳖肚班"等,东明县城南15里包其营"三鳖肚班"的掌班"三鳖肚"(艺名),就是当时闻名遐迩的黑脸。

清道光中期(约1830年),当时菏泽县衙三班(马班、步班、快班)总管李玲秀喜爱大平调戏曲,由他当管主,委托安兴镇艺人"魏大黑子"魏守法掌班,成立"双盛班"。先后培养了一批较有成就的演员,如红脸姬天荣(艺名"麻年儿")、牛印合(艺名"银娃")、姜玉和(艺名"大二小"),黑脸田银祥(艺名"田祥")、张文祥(艺名"张二"),小生沈金贵(艺名"金豆子")、魏兰芝(艺名"小记头")、张合义(艺名"小为"),花脸岳秀海(艺名"花脸兴")、夏秀田、张全臣(艺名"大花脸虎")、申德高(艺名"花脸虎")、旦角周玉平(艺名"大嘴")、郭文荣(艺名"假大嘴")等。

　　1949年以后,菏泽、东明、成武、梁山等地都成立了大平调专业剧团,如菏泽县成立了以黑脸张文祥、红脸牛印合、花脸张全臣等老艺人为主体的"新生剧团",同时还成立了以平调后起之秀郭盛高(艺名"小黑牛")等一批刚出科的演员为主体的"新兴剧团"。1954年,山东省第一届戏曲观摩演出大会上,张全臣演出的《滚鼓山》、张文祥与牛印合演的《铡美案》、郭盛高演出的《天水关》都得到一致好评。1956年,菏泽地区各县大平调剧团联合,在山东省第二届戏曲观摩演出大会上演出《栖梧山》,郭盛高获演员二等奖,曹德仁获乐师奖;张全臣、牛印合演出的《白玉杯》获老艺人奖。

图二　大平调表演

1958年春天，菏泽原有的两个剧社合并，改名"菏泽县大平调剧团"。演员中青结合，行当齐全，行头档次也较高。当时挑大梁的主要演员有花脸张全臣、牛印合，红脸郭盛高，黑脸张文祥，旦角周玉平、郭文荣、程玉凤（艺名"大坤角"）等。1959年，大平调剧团到济南演出，郭盛高主演的《百花亭》给观众留下了深刻印象。

　　大平调音乐及唱腔中遗存了大量的古典伴奏曲牌，大平调的剧目题材多样，涉及历史故事、神话传说、民间传奇、侠义公案等多个方面。很多大平调作品既有欣赏价值又有研究价值，如《百花亭》《收姜维》《下河东》等，都是较为成熟的艺术作品。大平调具有广泛的群众基础和旺盛的生命力，深受群众的喜爱。

定陶皮影戏

> 2006年，定陶县（现改为菏泽市定陶区）的"定陶皮影"被山东省人民政府列入第一批省级非物质文化遗产名录。2009年，被国务院列入第一批国家级非物质文化遗产扩展项目名录。

定陶皮影，又名"隔纸说书"，明朝时随山西来的移民传入山东定陶。艺人们经常活动于山东、河南、安徽、河北等地，定陶皮影深受当地群众的喜爱。

定陶皮影的传人主要在定陶区张湾镇后冯村。冯氏先人最初以挑担演唱皮影戏为生，定陶皮影传至今日可以查证的传承人有6代。现在的传承人冯守坤自4岁起就跟随祖父、父亲学演皮影。

定陶皮影现仍存有比较完整的古老影箱，传下来的古皮影有250多套，内容涵盖人物、动物、植物、家具影像。定陶皮影要选用上等、年轻公牛肚子两侧的皮作原材料，这样的牛皮厚薄适中，质坚而柔韧，青中透明。所取牛皮待洗干刮净，晾至净亮透明时方可使用。制作时先将样稿轻画于牛皮之上，然后用各种不同型号的刀具或刻或凿，雕刻时不能镂空太多，要适当留实，尽量做到繁简不拖沓，艳丽不空洞。有的皮影通体不刻 刀，只填彩绘，但看起来仍如刀刻一般。最后上色、熨平。上色时主要用红、黄、青、绿、黑五种纯色，这五种色彩互不调配，但可以深浅区分层次，进行平涂，双面着色；熨平时，皮影着色后阴干,再熨压平整;之后上油以增加皮影的耐用性,可上一些桐油或腊;用线将影人的两手、两下臂、两上臂、上身、下身和两腿10个部件的关节点处缝起来,再用一皮条包围在上身的脖领处,作为安装影人的插口。在脖领前钉一根铁丝作为支撑影人的主杆,在两手端处用线各拴一根铁丝作为耍杆,插上影人头后,一件完整的皮影就完成了。

皮影的每个制作过程都有专人负责,最后一关只有本族人才能完成,制作工艺从不外传。每一个皮影的形象局部耐看,整体配合也美。皮影人物突出,色彩、造型醒目,画面线条的细密繁杂、疏密层次以及工艺都具有较强的观赏性。

定陶的皮影所刻人物尺余大小,人物手臂过膝,面部一般为正侧面,阴刻、阳刻互有搭配。阴刻多为圆眼睛、疙瘩鼻、额头饱满,显得很有精神;阳刻多为平长细眼,小嘴巴、直鼻梁,显得平和大度。旦角多用阳刻,全侧面的外轮廓线极富弹性,悬鼻、高额、小唇,一弯细眉和凤眼直连云鬓。净角多用阴刻手法,其眼、眉、鼻、嘴的笔法和刀法大胆、夸张,变化多样。一般影箱有七八十个身段,上百个基本不重复的头部造型,如净角形象光是眼眉部分的变化,一副影箱中至少有五六十种。

定陶皮影的其他影件,如殿堂、帅账、案几、牙床、花轿、车马以及各种动物和花卉等道具,结构多被压缩,稍有透视感,比影人低,与影人同台演出时,两者形成强烈对比。

图一　影人

定陶皮影表演所用幕布的框架，形制为"3×7"尺，结构很少更换，之所以沿用至今，是遵循了"三尺床板不离妻（七的谐音）"的祖训，意喻艺人们走到哪里，家就安在哪里。框架所用幕布多用生绢、生丝布或白绫，经桐油滤过才上框架。灯光多用海碗吊灯，明晃照人。演出时少则六七人，多则一二十人，上演剧目也达到了三四十出，能演连台本戏。演出剧目大多以《封神演义》《西游记》中的故事为主要内容，大部分唱本经历代艺人口传心授，流传至今。

定陶皮影在音乐上广泛吸收了戏曲和说唱艺术的元素，形成了较为固定的行当、板式、唱腔。定陶皮影以板胡为主奏乐器，文武场齐全。演员的表演技艺也大大提升，操纵技巧繁杂高超，武打场面十分热闹，影人枪来剑往，上下翻腾。

定陶皮影至今仍保存着传统的演出习俗，保留有大量口授心传的老唱本，演唱程式等仍延续着古传皮影的旧俗。定陶皮影造型古朴，外轮廓挺拔；镂刻重视图案的装饰效果；着色对比强烈，活泼明快；影人肢体部分之间的组合分解合理。定陶皮影演出装备轻便，声腔优美，表演精彩。定陶皮影操作巧妙，道白有声有色，韵味独特，故事生动，深受广大民众的喜爱。

定陶皮影音乐的兼容性比较强，戏曲、曲艺、民歌、小调等能上口的都能搬上舞台，吐字发声技巧较为完备，具有很高的欣赏价值。定陶皮影的传承谱系脉络清晰，资料丰富，传承久远，是研究我国早期皮影的活标本；定陶皮影的造型和技巧，对地方戏曲和曲艺有较大影响；定陶皮影中的生活场景极具地方特色。

定陶皮影在新时代的传承中被注入了新的活力：在农村文艺调演活动中，定陶皮影戏大放光彩，广受好评；在第一次定陶皮影学术研讨会上，与会专家肯定了其戏曲、音乐方面的价值；定陶皮影还应邀参加了定陶民间文艺调艺活动，被评委会授予"民间艺术特别奖"。

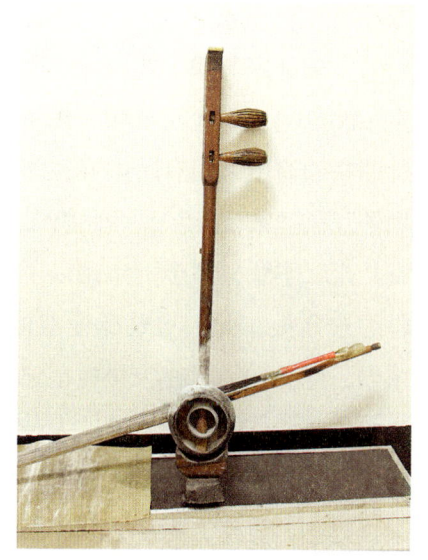

图二　乐器板胡

柳 子 戏

> 2009年，定陶县（现改为菏泽市定陶区）的"柳子戏"被山东省人民政府列入省级非物质文化遗产扩展项目名录。

柳子戏，又名弦子戏，亦叫"北调子"，因曲牌【柳子】好听上口，群众便将其称为"柳子戏"。柳子戏流传于鲁西南大部分县市。

柳子戏起源于定陶县杜堂乡宋楼村。宋楼村地处交通要道，贸易发达，四方戏迷汇聚于此，互相交流的机会较多。

"宋家班"柳子戏自元、明以来，由流行于中原地区的民间曲牌衍化而生。20世纪30年代初至40年代末，是"宋家班"柳子戏社的全盛时期，这一时期它的演出范围有所扩展，因活动范围常在运河以西，被人们称为"西路柳子"。"宋家班"是西路柳子"春、夏、秋、冬"之"冬"字辈，后又续有"金"字辈，"金"字辈以下又排了三辈。"冬"字辈的开山始祖是宋楼村的宋廷振，此人自幼酷爱戏曲、武术，善演武生，会吹奏笛、笙等多种乐器，他于1933年在宋楼村创建了第一个科班。曹县曾家先于宋楼村有柳子戏科班，所办的两个科班"大曾班"创于1914年左右，"小曾班"创于1930年左右，辈分为"春""秋"字辈；巨野龙堌集孔家义的"龙堌班"也先于宋楼村创办科班，为"夏"字辈。按照"春、夏、秋、冬"的顺序，宋楼村柳子戏科班字辈被定为"冬"字。后因"夏"谐音为"下"，艺人们认为不祥，为避讳，逐将"夏"改为"明"，"夏"字辈亦称"明"字辈。1946年，宋楼村的宋云阁和刘师爷（外号"老一"）又创建了"金"字辈，算是柳子戏的第五个科班的辈字。

20世纪80年代中期，一部分老艺人会同山东省柳子剧团，整理了一批柳子戏传统剧目和曲牌。其中一些剧目和曲牌还被山东省柳子剧团多次采用。如《孙安动本》，原是宋家班的看家戏，后由山东省柳子剧团演出后，轰动一时，被上海海燕电影制片厂拍成电影。

柳子戏是一个拥有几百支传统音乐曲牌的古老剧种。民间传有："小旦唱得颤巍巍，小生唱得云上飞，青衣哎哎水中漂，花脸横磨声如雷。"它的音乐曲牌基本上分为越调（以D作宫）、平调（以G作宫）、下调（以F作宫）、二八调（以C作宫）四大调。另有反工四调（以A作宫）和起调，起调比原调高起一调。唱腔主要由主腔（弦索腔）和客腔两部分组成。主腔包括五大曲、复曲、单曲、小令、上下句体，客腔有高腔、青阳、昆调、乱弹、罗罗等部分声腔。乐曲曲牌主要由丝竹曲牌和唢呐曲牌组成。丝竹曲牌包括独奏曲牌、合奏曲牌，唢呐曲牌包括伴奏曲牌、带词曲牌。

柳子戏剧目繁多，20世纪80年代山东省戏曲工作组在定陶宋楼村调查统计，从其整理出版后赠送给宋家班的汇编资料中可以看出，传统剧目有200多出。这些剧目多取材于《三国演义》《封神榜》《岳飞传》《杨家将》《水浒》《聊斋志异》《隋唐演义》以及民间的俚曲。经常演出的剧目有《虎牢关》《打登州》《孙安动本》《错断颜查散》等。除此之外，柳子戏还遗存了一部分明清时期已具有一定影响的早期戏曲剧目，如《白兔记》《红罗记》《玉簪记》等；还有一批反映民间生活的小戏，如《王小赶脚》《锯大缸》等。在一些神话戏和鬼怪戏中，许多武打都用真刀真枪，魔术化表演精彩纷呈。

柳子戏表演程式比较固定，生、旦、净、丑各行互不相同。旦行讲究"青衣走，大甩手；小旦走，起风摆柳"，其中的"推圈"与京剧的"拉山膀"相近。柳子戏科班练功讲究"太阳不出喊嗓，打着鼓点练功"和"一个架子耗住不动"的程式。传统柳子戏班社，多由30多人组成，经常以"四生、四旦、四

图一 《白兔记》小生（张玉芝扮演）

花脸"来炫耀班社整齐的阵容和雄厚的实力。

柳子戏最早是以小三弦为主要伴奏乐器，直到后来增加了笛子、板鼓、笙等乐器，柳子戏的伴奏乐器才固定下来。柳子戏文场主奏乐器俗称"三大件"，分别为笛子、笙、小三弦。笛子是柳子戏文场伴奏中的领奏乐器，竹制；笙是柳子戏主奏乐器之一，圆形，17管，系高音笙，在柳子戏中被称为小笙；小三弦是弹拨乐器，弦杆细长，弦鼓呈椭圆形，以蟒皮蒙面。"三大件"的组合被艺人们称为"笛似骨、笙似肉、弦似箭"，以此来形容各自在伴奏中所起的作用和彼此之间的密切关系。柳子戏武场传统的打击乐器极具特色：大锣是低音苏锣，手镲较一般的片大音低；小锣是高音，音尖而明亮；还有大铙、大镲各一对，俗称"四大扇"；外加铜制的"尖子号"（亦称挑子）。柳子戏的造型艺术分为脸谱与面具两类。脸谱细分为白脸、红脸、黑脸、二花脸、小花脸及其他勾脸等。面具主要表现神仙鬼怪及各种动物，有布质和纸质两种质地，有整脸和半截脸之分。

柳子戏表演兼具武戏与文戏，武戏粗犷豪放，文戏细腻十足；它的艺术风格独特，演出剧目内容十分丰富，受到人民群众的喜爱。"三大件"伴奏音域广阔,音色亮丽,节奏明快,转换自如流畅,民族韵味浓厚,优美动听。

柳子戏的音乐唱腔丰富多彩又协调统一,具有强烈的表现力;其曲牌大都是吸收了民间音乐的元素,结构严谨规范,曲调行腔委婉,完整齐备,调式丰富多彩,自成体系,具有较高的音乐研究价值。柳子戏的剧目具有浓郁的地方特色,对于研究当地方言有重要意义。

近几年,宋家班联络各村学员,组成宋家小新班,培养了众多柳子戏新生代演员,为柳子戏的传承储备了人才;班社还多次参加县里组织的重大文化活动,向民众普及柳子戏知识,使越来越多的观众感受到柳子戏的魅力,柳子戏也进一步得到发扬光大。

两夹弦（定陶）

> 2006年，定陶县（现改为菏泽市定陶区）的"两夹弦"被山东省人民政府列入第一批省级非物质文化遗产名录。2009年，被国务院列入第二批国家级非物质文化遗产名录。

两夹弦又名"二夹弦"，唱腔清新、流畅、优美、朴实，被群众亲昵地称为"半碗蜜"。群众将鄄城以北、莘县一带的称为"北词两夹弦"，将曹州（今菏泽）一带的称为"南词两夹弦"。

清道光初年，鄄城县引马集有个穷秀才叫白殿玉，擅诗词、通音律，酷爱花鼓丁香，常编些花鼓新词教其妻子吟唱。后来，他对花鼓小唱靠一面凸肚腰鼓击节的伴唱方式深感乏味，考虑增加丝弦，以润声色。其妻纺棉时常哼吟曲词，每唱一句，便纺抽棉花，纺车的"嗡、嗡、嗡"声成了唱腔的鲜明伴奏，白深受启发，经过多次尝试，终于做出了形似二胡的"弦子"为妻子伴奏。以后他又在此基础上，编词清唱，并根据词意突破原始腔调的节奏规范，融入其他姊妹艺术的唱腔，博得广大听众的喜爱。

白殿玉在引马集收了3个乞讨人为徒弟，分别为莘县的李季安、东平的戚成兴和济宁的梅福成。咸丰八年（1858年），白殿玉带戚、梅二徒乞讨至曹州东北的大徐庄，并在此落户。后来他的两个徒弟在大徐庄收徒数十人，在鄄城、郓城、定陶、曹县、巨野、梁山、东平一带农村"打地摊"卖唱。这期间人员逐渐增加,演唱形式已由一人清唱发展到七八人演唱;其体裁也由说唱式的叙事体过渡到戏曲化的代言体,具备了简单的表演程式,能够演唱比较完整的戏曲故事;伴奏乐器增加了丝弦(两根弦的"弦子"),至此,两夹弦剧种初具雏形。

1928年,两夹弦著名演员王文德(艺名"小印"),成立"共艺班"("洪艺班"),吸收了山东梆子、柳子戏的表演程式,使两夹弦的表演更趋成熟。1949年以后,两夹弦演员的艺术水平进一步提高。两夹弦著名演员黄云芝(艺名"小白鞋")因细腻、婉转的唱腔和优美轻盈的台步而闻名。两夹弦剧种在重唱功的基础上同时也注重身段技巧的提高。

1970年10月,原菏泽专区两夹弦剧团划归定陶,更名为定陶县两夹弦剧团,并吸收了一批新生力量,成为全国唯一的两夹弦专业表演团体。剧团创作演出的现代剧目《相女婿》,参加了文化部举办的"国庆三十周年献礼演出"并获奖。1982年,山东省戏剧演出月期间,定陶两夹弦剧团演出的现代戏《红果累累》获得好评。

两夹弦的传统艺术风格是唱功重于做功,因此,它的唱腔是剧目和布局的核心。起初,生、旦、丑角都用本嗓演唱,红脸、花脸行当都用二本腔(假嗓)演唱。20世纪二三十年代以后,演员基本上都用真嗓,尾音翻高时用假嗓,只有红脸用二本腔演唱。由此而始,两夹弦唱腔基本固定下来。

两夹弦的唱词有两种不同的结构方式:一是以七字句和十字句为主的上下句式,韵脚为上仄下平,下句押韵。二是在上下句

图一　黄云芝的表演剧照

结构的形式中,有一种字数多少变化不定的长短句曲牌词格形式。这种结构形式的唱词,虽仍为上下句体,但句子的排比、罗列和韵脚的要求等都更为严格,垛句上下的呼应却不一定对称;另一种结构形式是"三三二"结构的"娃娃"曲体。这种词格除第四句和第七句跳韵外,其余各句均为同一韵脚。两夹弦所用的语言为鲁西南地区的方言,与普通话相比,二者声韵基本相同,但四声调值有着明显的差异,语汇称谓也不尽相同。

文场音乐的乐队配置、大小不等,一般是四至八人。乐器以四弦(也叫四胡)为主,它类似二胡,有四根琴弦,分别夹着两股马尾进行演奏,发双音,音量较大。琴师在演奏时常戴金属指帽按弦,音色铿锵有力。其他弦乐器有二胡、矮杆坠胡,有时也用小提琴、大提琴配合。弹拨乐器有琵琶(早年使用柳叶琴,与山东拉魂腔相同,现已改为琵琶)、中阮、三弦等。管簧乐器有竹笛、笙、闷子等。在武场音乐中最关键的是司鼓,鼓手兼奏手板、边鼓及堂鼓;很少使用云锣、木鱼、小钹等,一般不另设专人,而由操持大锣、钹的人分别兼奏,唢呐由弦乐师兼奏。

两夹弦剧目繁多,剧目的内容丰实,既有"老八本":《头堂》《二堂》《休妻》《花墙》《大帘子》《二帘子》《花轿》《抱牌子》,又有由民间故事改编的《玉杯记》《梁祝下山》《贾金莲拐马》《太阴碑》,还有反映民间生活的《拴娃娃》《翻箱子》《打城隍》《武大仁下工》《穷劝》。

两夹弦的音乐风格独特,在民间俗曲"花鼓丁香"的基础,融合了姊妹艺术的优秀成分;其曲牌丰富,板式音乐富有表现力;它的引子、曲身和曲尾的运

图二　司鼓

用方式尤为独特，在大起板后，曲身可任意反复，曲尾可转向其他板式继续演唱；它的伴奏乐器"三大件"（即四弦、坠琴和柳琴）配器独特，风格鲜明。两夹弦的唱词多以当地百姓口头语言为基础，经民间艺人的长期加工，愈发生动活泼，朴实亲切。它的唱腔讲究口齿清楚，字正腔圆，行腔悠扬，自然流畅，快而不乱，慢而不断，以情带声，声情并茂。

两夹弦的发展脉络清晰，显示了地方剧种发展的普遍规律，是地方方言、民间文学、民俗等学科研究的活体标本。两夹弦的曲牌有着民歌的原始韵味，民族气息强，欣赏价值高。两夹弦保留下来的曲牌【梅花落】【撑船歌】【四河调】【剪剪花】等，对传承民间音乐有着重要意义。两夹弦讴歌真善美，弘扬民族气节和优秀文化，对构建和谐社会有极大的推动作用。

两夹弦新颖、别致、实用，被赋予了新的生命力。老班社接收培养艺校毕业生，为两夹弦的发展注入了新的力量。他们收集整理92个剧目，近180万字，为进一步弘扬这一传统艺术，做出了不可磨灭的贡献。

四 平 调（成武）

> 2006年，成武县的"四平调"被山东省人民政府列入第一批省级非物质文化遗产名录。

四平调由流行于苏、鲁、豫、皖四省接壤地带的花鼓发展而成。它的主要曲调由花鼓的"平调"衍变而成，曲调四平八稳，四句一平，因而得名。

花鼓原是一种古老的民间歌舞演唱形式，源于明代，以民歌小调为主；清乾隆时期，清苑人李振声所作《百戏竹枝词》对打花鼓有过记载。100多年

图一　成武四平调演员化妆照

前，花鼓以安徽砀山为中心，分为东、西、南、北四路，花鼓早时亦称"花鼓丁香"，或叫"打花鼓"。最初"打地摊"演唱，少则三五人，多则七八人组成一班，乐队演员不分，每班有大、小锣各一面，一个鼓，一对手钹，一个梆子（打锣兼打梆子）。一人扮演几个角色，在村镇、集场、庙会演唱。通常男角穿大衫戴礼帽，扎腰挎鼓；女角着裙，扎绣球，拿彩绸或白手帕，脑后戴假辫子，脚尖缚脚垫子（踩跷或叫彩鞋），立起足尖跑场。演唱时，扮女角的扶着男角肩膀，一边打鼓一边唱；男角叫"鼓架子"，有时扮小生或挂髯，与旦角对唱、轮唱。早期花鼓没有弦乐伴奏，演出节目内容多表现男女爱情，如《站花墙》《小借年》《蜜蜂记》《观文》《吕蒙正赶斋》等。

民国初年，花鼓摆脱了二人对口演唱的原始状态，进入多人演唱阶段。1930年，庞师文、杜学诗的花鼓班在济南街头演唱，后到南岗子（新市场）演出，受戏院主人苏北老乡张送池的帮助，借了部分旧戏箱和全套锣鼓，开始首次登台演出。这时女演员杜学诗的妹妹杜学莲开始演戏，此后几年，花鼓先后改称"老梆子""山东老调""山东干砸梆""文明花鼓"等。1931年，燕玉成、许若海的花鼓班，在河南商丘以"咣咣戏"挂牌演出。城内卫主提出取四平八稳之意，将名称改为"四平调"，但演唱形式未变，群众也不认可，遂送"老改敲"的绰号。以后四平调常与曲剧、评剧、豫剧等同台演出，俗称

图二　冯守君、周庆泰在《将相和》中的剧照

图三　四平调新编现代剧《春暖梨花》剧照

"二蓬子""二碰子""两下锅"。

四平调形成初期，采用花鼓锣鼓冲，又借鉴豫剧的快二八板、评剧的快落子等板式。在唱腔特点上，旦唱似评剧，小生似花鼓和京剧流水，老生、花脸唱梆子者多。此后，剧目、表演都大有改观，唱、念、做、打等表演方式有了新的起色。四平调班社起初多演三小戏，后来又整理排演了传统剧目《陈三两爬堂》《三告李彦明》《小借年》《三元会》《访昆山》《将相和》《岳飞出世》《花木兰》等剧目。20世纪末，成武县四平调剧团聘请商丘四平调艺人拜金荣、金乡四平调艺人苏献芹等四平调优秀演员，编排出《弯弯鸳鸯河》《玉桃恨》《春暖梨花》《情满人间》等一批优秀剧目，到河南、河北、安徽、江苏等地演出，深受当地群众的喜爱，进一步扩大了四平调的影响力。

四平调以花鼓的"平调"为基础，吸收了评剧、豫剧、京剧的元素，派生出不同板式，主要由平、直、念、散四种声腔板式组成。平板包括平板、慢平板、反平板等板式，是四平调唱腔音乐中的基本曲调，一板一眼（2/4节拍）闪起板落，由起、承、转、合四句体组合而成。直板多表现豪迈奔放等感情，是一种表现力很强的声腔系统。念板俗称"紧打慢唱"，多表现激昂愤慨、欢快活泼等情感，其唱词以七字上下句为宜。散板多表现悲、喜等情感，因它不受节奏的制约及过门音乐的限制，所以曲调的发展变化更加自然、真切。

四平调主要有唢呐和丝弦两种曲牌，唢呐曲多用于起兵、迎宾、修书、舞蹈等处，常用的曲牌有【点绛唇】【三枪】【马扬欢】等；丝弦曲包括【普天乐】【风摇柳】【望宫】等曲牌。四平调的剧目为反映男女爱情、家庭伦理的"三小戏"（小生、小旦、小丑），被搬上舞台演出后，又借鉴了一些小说、鼓词，改编成连台本戏，后又移植和编写了部分现代戏。其剧目有200多出，经常上演的剧目有《宝莲灯》《杜京郎寻父》《访昆山》《蜜蜂记》《白毛女》《小二黑结婚》等。

四平调通过不断吸收兄弟剧种的表演艺术特长和长期不断积累的舞台演出实践，形成了武戏粗犷豪放、文戏细腻典雅的独特艺术风格。四平调不但能演行当齐全的《梁山将》《戚继光斩子》，就是《四杰村》《拿高登》《闹天宫》等高难度的武戏、身段戏，也能排练演出。四平调的表演程式与其他传统戏曲艺术一样，生、旦、净、丑各行当互不相同。生行有红脸、净面文生、架子生、袖生、武生；旦行有青衣、红衣、闺门旦、老旦、丑旦，旦行讲究"青衣走，大甩手；小旦走，风摆柳"；净行有大花脸、二花脸；末行称白胡、老外或外脚，已归入生行；丑行有文丑、武丑。"推圈"各个行当"出手"推合

图四　成武四平调剧照　　　　　　　　（图片来源：成武文化馆）

的具体要求不同：花脸与眼齐，小生与嘴齐，旦角齐胸，小丑单指。四平调文场主奏乐器是高胡。为使演员特别是男演员的演唱趋向自然、流畅，将定调从降B降为A调，拉内弦时弓杆同时将外弦擦响，形成一个纯五度和弦，这是四平调独特的风格。其他乐器有扬琴、三弦、唢呐、竹笛等，还曾有小提琴、大提琴、单簧管、大管、小号、圆号、长号等伴奏乐器。武场乐器包括板鼓、堂鼓、大鼓、大锣、手镲、小锣、碰铃、木鱼、低音锣、大铙、大镲等。

四平调以善唱著称，旋律优美、淳朴，说唱性较强，具有浓厚的生活气息，有较高的艺术欣赏价值。四平调演唱及道白使用中州音韵，十三道韵辙，对研究北方方言及音韵具有重要的参考价值。为了将四平调更好地传承下去，社会各界纷纷献言献策。

大平调（成武）

> 2009年，成武县的"大平调"被山东省人民政府列入第一批省级非物质文化遗产扩展项目名录。2011年，被国务院列入第三批国家级非物质文化遗产扩展项目名录。

大平调又名"平调"，是山东梆子声腔系统的地方大戏剧种。因其唱腔音乐相对于高调（山东梆子）的音调低，故称为"平调"。又因其击节的梆子特别大（约60厘米），历史上曾称"大梆戏"，现在统称"大平调"。该剧种历史悠久，据相关史料记载，已有500多年的历史。河南《滑台重修明福寺碑记》副碑中刻有："以上布施除修葺佛塔外，敬献大梆戏、大弦戏各一台。"其中的"大梆戏"就是现在的大平调。

大平调的起源有两种说法：其一，是由木偶戏（当地人叫"拿大吼""肘大吼""大头吼"）或皮影戏演化而成，理由是大平调表演的身段亮相、上下场式都与木偶戏相近。其二，齐如山在《中国戏曲源自西北》中说："……河南省大梆戏等等，都是由秦腔演变来的。"依其所说，平调剧种发源于秦腔，东行至山西后称为"山陕梆子"。其流传过程为由山西河津（散乐）一带北行，传至河北武安（平调），至豫北滑县、浚县（西路平调）及濮阳、清丰（东路平调），最后传至黄河之东的曹州、曹县、东明、成武（河东平调）地区。这两个剧种起源的说法，都能够成立。

图一 成武大平调演出场面

成武县大平调剧团前身是"合义班"分包后组班的曹县"王孔集班",它吸收本剧种其他优秀名家的演技优长,使自身水平不断提高。1949年以后,党的文艺方针给大平调带来了生机和活力。2002年,当地艺人编演的戏曲《摔饭罐》荣获菏泽市委、市政府主办的戏曲调演一等奖;2007年,当地艺人编演的戏曲《信贷姻缘》荣获山东省农民艺术节铜奖;当地老艺人马明銮、郭天祥口述的传统戏《双龙剑》《无头案》,被选入《山东地方戏曲传统剧目汇编》一书。成武县大平调剧团常年在苏、鲁、豫、皖、冀诸省,特别是菏泽市八县一区的广大城镇巡回公演。

大平调的唱腔属板腔体,唱词为上下句式,唱腔为七声音阶徵调式,是在一对相对称的上下句基础上变化而成的。其唱腔上句落音较灵活,多落于"6"或"4"音,亦可落于"1、2、3"各音;下句则必须落于主音"5"上。唱腔基本板式有慢板、二八板、流水板、三板,还有若干在此基础上变化而成的辅助板式。女声唱腔优美华丽,具有抒情细腻的特点;男声唱腔质朴刚劲,具有挺拔豪放的风格。艺人演唱时一般都用真嗓,旦角亦如此。若用假嗓结合发声,转换时界线不太明显,讲究喷口气势,有时强调"炸音"。

大平调演唱、道白的声韵基础属汉语北方方言语音范畴,在山东、河南方言中属"鲁西""豫东"语言片区。它以东明、曹县、成武、菏泽、濮阳、滑县一带的语言为基础,删除了一些比较偏的字眼读法,使之渐趋规范。大平调传统戏的演唱道白中有较严格的"尖团字"区分。

大平调具有丰富规范的表演程式,注重技巧特长,表演程式分为个体程式、技巧程式和套路程式。其中,以鞭代马、以桨代舟、开关门、上下楼、爬山乘舟、腾云驾雾都是以虚引实、虚实相生的表演形式。

大平调传统上的脚色行当是生、旦、净、丑,其中,生行有小生、红脸、外脚三类。该剧种做功也很讲究,有固定的尺寸规范,强调技巧绝活。由于角色有行当、身份、年龄、性格、感情的差别,进而演变出各式各样的表演程式,但总体风格是粗犷豪放、刚劲有力,要求粗中见细,刚中有柔,夸张中不失真实。另外,大平调还吸收了民间武术的套路、彩戏彩具等表现手段,增强了情节的冲突性。

大平调的乐器主要有打击乐器、吹奏乐器、弦乐乐器。打击乐器有鼓(板鼓、堂鼓、大鼓)、锣(道锣、高音锣、中音锣、低音锣、苏锣、武锣、手锣)、手钗(中手钗、小钗、大铙、大钗)、梆子(长60厘米、直径12厘米)。吹奏乐器有大号(长150厘米,平调特有)、唢呐、笙、笛子、黑管、闷笛。弦乐乐器有大弦、二弦、三弦、二胡、中胡、琵琶、中阮、月琴、大提琴、小提琴。

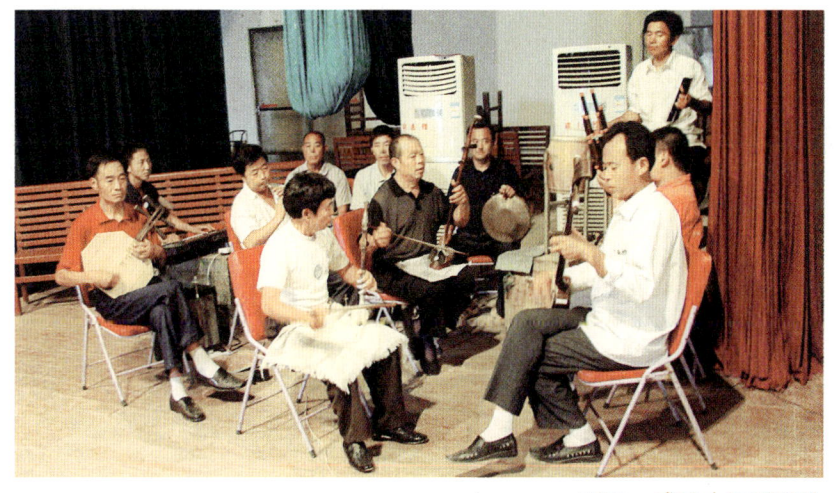

图二 成武大平调乐队

图三　大平调传承人牛光轩教学员练功

　　大平调有【大金钱】【水上漂】等100多个传统曲牌，还有【朝阳歌】【紫金杯】等30多个笛牌；唱腔上有起板、栽板、导板、倒三板、一串铃等30多个板头，有真声吐字、假声行腔、甩腔时翻高八度的唱法。红脸、黑脸、旦角还有一种特殊的"讴"腔（通过吸气或呼气发出极高的假声，表达激昂情绪）。大平调音乐唱腔吸收了其他剧种的精华，曲调行腔委婉动听、高亢明亮，风格各异，伴舞独具特色。

　　成武县大平调剧团多年来演出的剧目，多宣传清正廉洁、见义勇为等传统美德；移植、新编的历史戏及创作的现代戏坚持服务人民的原则，紧扣时代脉搏，使这一古老剧种焕发出新的活力。尤其是改革开放以来，成武大平调剧团从弘扬传统文化入手，努力通过剧目演出，为推动当地和谐社会建设贡献自己的一分力量。

　　大平调广大文艺工作者在声腔、表演上进行了大胆革新，对相关资料进行整理，培养了一批青年演员。

两夹弦(北词两夹弦)

2009年，郓城县的"两夹弦（北词两夹弦）"被山东省人民政府列入省级非物质文化遗产扩展项目名录。

郓城是著名的戏曲之乡，有很多曲艺形式，如山东落子、山东琴书、山东坠子、花鼓丁香、莺歌柳书、山东大鼓、山东梆子、四平调、两夹弦、柳子、枣梆等。这里民风淳朴，文化底蕴深厚，是北词两夹弦的发祥地。北词两夹弦的发祥地在郓城县双桥乡唐庄村。北词两夹弦主要分布在山东省西南部（郓城、鄄城、冠县、阳谷、莘县、巨野等）、河北省西南部（魏县、武安等）和河南省东北部（台前、范县、濮阳等）等地。

北词两夹弦（后人为区别成武两夹弦而称"北词"）开始称"吱响腔"，始于郓城与鄄城的

图一　郓城原北词两夹弦曲艺团剧照

交界处。相传，明朝洪武年间，曾在山西教过私塾的王姓落魄艺人，受启于千里东迁路上木车、扁担的吱响声，又模仿车轮、扁担的节奏，结合当地人盖房打夯时的号子声，编着词哼唱起来，借以消减疲劳、怀念故土。这种自娱自乐的形式一开始被称为"吱响腔"或"号子调"，属于民间小调类，是北词两夹弦的原始阶段。随着各种音乐元素的加入，以及其他地方小调的渗透，到了明末清初，两家初具规模的戏班分别在唐庄村（今属双桥乡）和何堂村（今属侯集镇）相继成立。因其主要伴奏乐器为四弦胡琴（两根马尾中间夹着一股弓弦），郓城民间称之为"四弦""四根弦""马尾巴弦"，替代了原来的"吱响腔"或"号子调"。1949年以后，各地相继成立戏班、剧团，郓城一带活跃着一批非常重要的北词两夹弦专业剧团，为北词两夹弦的传承发展发挥了重要作用。

北词两夹弦吸收了当地的俗俚小曲花鼓丁香、山东落子、山东坠子、莺歌柳子、山东琴书等民间艺术形式的精华。就"北词"与"南词"而言，两派在说唱艺术和伴奏形式上，虽然都有了极大的发展，但在早期二者并没有明显的差别，所以又统称为"两夹弦"。

北词两夹弦进入鲁西之后，又吸收了柳子戏舒缓的特点，和山东梆子、枣梆的悲壮等元素，在保留传统基础上不断完善自身。其唱腔慷慨悲壮，不重板式而重身段，不重变幻而重工架，不重花俏而重剧情，不重故事而重人物。传统的练功步法和程序有推手、云手、跷腿等。

北词两夹弦的唱腔属板腔体系，结构严谨而少花腔变化。大生与净角讲究的是声腔高亢激昂，慷慨悲壮；小生与旦角的唱腔则清新明快。常用的板式有慢板、二板、簧戏（南词两夹弦称为"三板"）、娃娃板，另外还有山坡羊、小放牛、顺河溜等共60多种。

北词两夹弦的剧目多为借物说物、借情说情、借古说今的家庭伦理戏，宣扬家庭和睦、尊老爱幼、夫正妻贤等观念，深受百姓的喜爱。北词两夹弦的演出剧目内容丰富，既有小巧玲珑的闺房戏，又有起伏跌宕的事件戏；既有柔肠寸断的悲情戏，又有酣畅淋漓的欢乐戏。直到今天，北词两夹弦在当地依然是群众娱乐的重要文化形式。

北词两夹弦的音乐伴奏，音域广阔，节奏紧凑，音色亮丽。曲牌经过历代

图二　北词两夹弦文化下乡演出

艺人们的加工修饰，有的缠绵委婉，有的清新亮丽，有的高亢激昂。可谓"穿肠柔情北词戏，纵横捭阖两夹弦"。

北词两夹弦的演唱艺术，有助于我们研究中国北方民间说唱艺术的起源和发展，对研究中国传统民间戏剧有着重要作用；北词两夹弦的曲牌、音调及伴奏音乐，对研究中国民间音乐，同样有着重要意义。

大平调（东明）

> 2006年，东明县的"大平调"被山东省人民政府列入第一批省级非物质文化遗产名录。2009年，被国务院列入国家级非物质文化遗产扩展项目名录。

大平调本名"平调"，是梆子声腔系统的地方大戏剧种。因其唱腔音乐比高调梆子（即"山东梆子"）低，故称"平调"，又因其击节用的梆子特大（长50厘米），故被群众称为"大油梆"或"大梆戏"，现在统称"大平调"。据文献记载，大平调已有500多年的历史。它的流行地区以东明县和河南濮阳、滑县一带为中心，跨越冀、鲁、豫、苏、皖五省相邻地带；西到郑州、陈州，南到徐州、亳州，北到大名、磁州，东到济宁、兖州等地，号称流行"五省八州"。

清道光中期，时任菏泽县衙三班（马班、步班、快班）总管的李玲秀喜爱大平调，他自当管主，委托安兴镇艺名叫"魏大黑子"的平调演员魏守法掌班，成立了"双盛班"。1936年，"双盛班"的掌班换成了张合义、丁宗乾，班社改名为"合义班"。1946年，原"双盛班"大平调班社著名艺人陈贵馨（艺名"二夹"）、陈广勤（艺名"四夹"）兄弟二人，在定陶陈集收徒传艺，教出了一批后起之秀。

1978年，当地成立东明县大平调戏曲培训班，学制三年。1981年，在戏

图一 《收姜维》剧照

训班的基础上,又组建了"东明县大平调二团"。1985年剧团进行整编,把两个平调剧团合为一个,即"东明县大平调剧团"。多年来,该团不仅演出了大量优秀传统剧目,还编演了一批现代戏,如《平鹰坟》《乡下女》《好人二叔》《一壶见证酒》《狗蛋买爹》等。1995年11月,东明县大平调剧团排演的现代戏《好人二叔》,荣获第五届山东省文化艺术节编剧、剧目、表演、舞台美术、音乐设计、伴奏六个奖项。2004年5月,吴丛印参加菏泽市第二届戏曲艺术节,演出的剧目《收姜维》获表演一等奖,周魁生演出的《百花亭》获演员一等奖。

大平调剧目繁多,有140多种,经历代大平调优秀艺人的辛勤努力,编排演出了数百个优秀剧目。许多剧目常演常新,其中具有代表性的剧目有《百花亭》《天水关》《铡美案》《铡赵王》《挡马》《秦宫月》《千古一帝》《梁友辉》等62个。这些剧目大多是根据《东周列国志》《三国演义》《包公案》《杨家将》等古典小说改编而成。此类表现帝王将相、英雄豪杰的历史题材,形成了大平调剧种黑、红、花脸戏多,武打戏多,袍带戏多的表演特色。其中,《弑朝篡》《楚王灭夏》《滚鼓山》《二打金枝》等为大平调剧种所独有。

大平调的脚色行当体制较为完善。它的脚色行当分生、旦、净、丑。生行有文生、武生、帅生、娃娃生。只要是头挂戴髯口的生角,不论其是否勾画红色脸谱,一律称"红脸","红脸"有大红脸、二红脸、净面大生之分。旦行有青衣、闺门旦、小旦、刀马旦、帅旦、老旦和彩旦。净行又称"脸子门",有大黑脸、大花脸、二花脸和歪辫花脸之分。丑行有公子丑、官丑、老丑、小丑和武丑之分。

大平调的唱腔属板腔体。唱词结构为上下句式,以七字句和十字句为主,也有数字不等的长短句唱词,男女腔同宫同调,都是七声音阶徵调式。唱腔基本板式有正板、慢板、二八板、流水板、三板、起板、金钩挂、倒三拨、散板等30多个板式,还有一些在此基础上衍变成的其他辅助板式。

图二　脸谱

大平调演唱声韵基础属北方方言范畴,在山东、河南方言中属"鲁西""豫东"的语言片区。它以东明、菏泽、长垣、濮阳、滑县一带的语言为基础,删除了一些纯土俗的字眼,使之渐趋规范,演唱和道白中有较严格的"尖团字"区分。女声唱腔优美华丽,旦角也同样用真嗓,甩腔时翻高八度;男声唱腔质朴刚劲,具有挺拔大气的风格,演唱时一般都用真嗓。红脸、黑脸的拖腔讲究喷口气势,黑脸演唱有时强调"炸音"。大平调的唱腔有一种特殊的唱腔叫"讴腔",俗称"扬腔",发声高而尖,有呼、吸两种唱法,用以表达激昂、欢快的情绪。

大平调有丰富的表演程式,注重技巧,并具有该剧种特有的特技、绝技,饰演的人物显得格外鲜明生动。表演程式分为两大类,即个体程式和技巧程式。外摆连儿、尥(liào)腿、推圈、抄脸(大平调所特有的程式)、三脚、气色等表演属个体程式,有别于其他剧种。技巧程式也可细分为几类,即一般性技巧、特技和独有绝技。腰功、腿功、基本功和桌子功为一般性技巧，翎子、甩发、髯口、水袖、折扇、手帕、大辫、笏板、出手等为特技，顶灯、三换胡、铛镰削柳橡、吊辫子、戳马蜂窝、彩铡、彩刀等属独有绝技。如吊辫子，演员在表演前三天就要梳头，表演时捆绑辫子将人吊起，赤裸上身，穿十几条彩裤。演员为延长表演时间，显示功力，会逐一脱掉彩裤，并用双手拎起4桶水，接着在头顶上方燃放鞭炮，在鞭炮声中表演各种动作，然后表演才结束。

大平调文场主要乐器有大弦（八角月琴）、二弦（短杆皮弦二胡）、三弦（钢弦），早时称为"老三把"。武场除去5斤重的用以击节伴奏的空心大梆子外，常见的打击乐器有大平调剧种特有的各一对

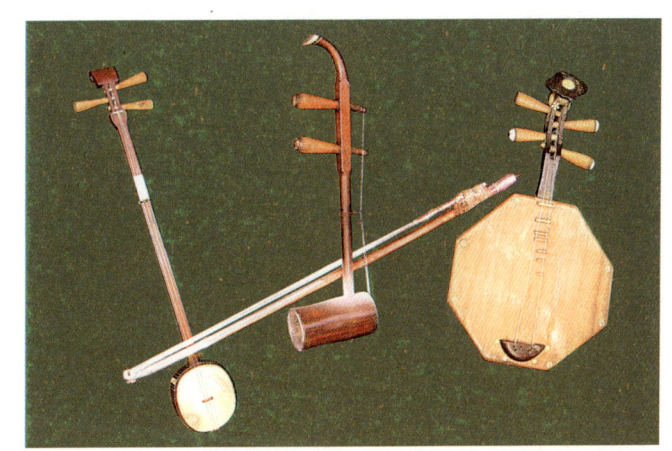

图三　从左到右依次为三弦、二弦、大弦

"大铙""大钹"，俗称"四大扇"，还有两支尖子号。打击乐演奏时，四大扇配以尖子号，声音雄浑，气势磅礴。观众赞曰："四大扇、尖子号，一听就是大平调。"

大平调的演出剧目虽以生活化、平民化、粗犷豪放为主要特色，但唱腔中不乏格调典雅、行腔优美的唱段。民间传有"不吃饭，不睡觉，也要看看大平调"的说法，充分说明了大平调具有广泛的影响力。大平调的演艺流派较多，风格各异，体现了大平调的多样性特征。因方言、地理、文化环境等因素影响，大平调形成了高亢激昂等特色，在伴奏方面突出托腔的艺术特点。大平调各流派之间的最大区别，就在于演出剧目不一致，绝技、特技各有独到之处。大平调伴奏特色突出表现在音乐风格的地方化。最能体现这一特点的是，其伴奏用的大弦、二弦、三弦等器乐高音的配合，大梆子、大铜

器的低沉，尖子号的激昂。

  大平调音乐和唱腔中有大量传统唱段及剧种独有的伴奏曲牌，是音乐研究不可多得的活体标本。二弦的演奏技艺独具特色，对研究我国传统戏曲及音乐伴奏的发展沿革有参考价值。大平调"连本戏"是艺人娴熟地掌握了各种格律、程式后，即兴发挥的创作，很有价值。

  大平调具有广泛的群众基础和旺盛的生命力，数百年来长盛不衰。如今，社会各界互相配合，将大平调发扬光大。剧团培养出大批青年演员，为这一艺术注入了新鲜血液；相关人员搜集整理了42个大平调传统剧本，使得这些珍贵资料得以保存。

周 姑 戏（临朐）

> 2009年，临朐县的"周姑戏"被山东省人民政府列入第二批省级非物质文化遗产名录。

据《中国戏曲曲艺词典》记载："周姑戏也叫'肘鼓子'，民间演唱。清代中期流行于山东南部……"清光绪元年（1875年）编修的《临朐县志》记载："在前清盛时……每逢元宵节，一班青年涂脂抹粉，契具盘旋，并演唱杂剧以助兴。"按几代人相传的情况，结合《临朐县志》《中国戏曲曲艺词典》所记推算，临朐周姑戏至少有200年的演唱历史。其演唱形式原始古朴，唱腔优美动听，具有浓郁的乡土气息和独特的艺术风格。多年来，一直深受当地群众的喜爱。

周姑戏最初为一两人"唱门子"，后来逐步变成三五人"扒地滩"的形式，再往

图一　周姑戏剧照

图二　周姑戏乐器

后便形成了周姑戏的雏形。19世纪末20世纪初是临朐周姑戏的兴盛时期，那时，仅临朐境内就有十多个专业和季节性班社，业余子弟班遍布全县，涌现出贺世学、李明友、周世英等一大批有影响的演唱艺人。他们的演出范围从临朐扩展到青州、安丘、沂水、沂南、沂源、莒县等地，周姑戏的唱腔板式亦日臻完善，形成了20多种板头和曲牌。

周姑戏是无管弦乐伴奏的地方剧种，它的前身是东路肘鼓子。其伴奏鼓点主要有长板、短板，伴奏乐器有皮鼓、大锣、小锣、大钹、小钹。周姑戏的演唱曲调类似当地山歌，主要唱腔是周姑"正调"，分快、慢两种，清新优美，婉转跳跃，既能叙事，又能抒情。它以"四句腔"开头，然后以"三腔""四腔"作为上下句反复使用的板腔体。另外，根据剧情和塑造人物形象的需要，还有【呀油调】【过仙桥】【梆腔穗子】【流水】【快三眼】【跺板】等近20种曲牌。

因当时各种条件的限制，周姑戏的表演化妆及服装道具都比较简单。多数行当的台步，仍走秧歌步，加以锣鼓点的配合，非常有节奏。在化妆上，旦角穿普通女人衣服，用花布缠头，擦胭脂；老生用锅底黑打眉。后来，艺人们对这种表演及服装打扮感到不满意，向其他剧种取经以丰富自身。在角色化妆和行当服装等方面，借鉴了部分京剧元素，经过一代代艺人们的不懈努力，逐渐形成了自己独特的表演风格。

临朐周姑戏原有传统剧目近百出，今有据可查的剧目有《双生赶船》《站花墙》《火龙记》《乱石山》《赵美容观灯》《陈学美吊孝》《荣花记》《北平府》《采药》《双贞节》《金镯记》《宝莲灯》等40多出。周姑戏的剧本内容大都以民间故事为题材，反映男女爱情、伦理道德、处世善恶等观念，语言朴实生动，生活气息浓厚。

图三　老艺人说戏

周姑戏演唱形式十分简单，在农村十分流行，剧目多是演员较少的农村小戏。周姑戏过门用锣鼓，行腔用板、鼓和小钹伴奏，极具特色。有时也唱大戏，但它在不影响剧情的前提下，尽可能少用演员。

虽然临朐周姑戏与淄博的五音戏和青岛地区的茂腔同属一个母体，但它的唱腔和曲牌与后两者又截然不同。相比之下，临朐周姑戏的唱腔及演出形式更原始古朴。

周姑戏（莒县）

> 2009年，莒县的"周姑戏"被山东省人民政府列入第二批省级非物质文化遗产名录。

莒县周姑戏是流传于五莲、莒南、沂南、沂水等地的地方戏种，又称"周姑调""肘鼓子""拉魂腔""拴老婆橛子""盘凳子"。周姑戏形成于清代中叶，最初为民间哼唱的小调。据《中国戏曲曲艺词典》记载："周姑子也叫'肘鼓子'，民间演唱。清代中期流行于山东南部……打狗皮鼓伴奏。逐渐与用弦乐器伴奏的'拉魂腔'合流。"山东其他一些地方戏曲，比如南路的柳琴、东路的茂腔、西路的五音戏都与周姑戏有着密切的关系。

据传，最开始的时候，周姑戏只是乞讨者作为"唱门子"要饭的帮腔。乞讨者们有的肩背布袋，手抱月琴，自弹自唱；有的两人搭档，一人操琴伴奏，一人打板行腔。因此，最初的时候，周姑戏这种说唱形式并无角色可言。后来，随着这一剧种的发展，周姑戏的演出逐渐变成了由几个人搭档成班，分担角色，作半营业性质的演出。

周姑戏在莒县流传甚广，深受莒县人民的喜爱。但它究竟是何时传入莒县，目前尚无文字资料可供参考。据莒县小店镇山西头村周姑戏艺人徐庆余介绍，他的大爷爷徐佃选很小就跟随从外地来莒演唱周姑戏的刘光明（1860年左右，他由外籍迁入小店乡杨家崮西村）学习并表演周姑戏。此外，莒南县十字路西南老淄峪村周姑艺人徐氏（莒南县过去属莒县，徐氏为周姑艺人徐庆余的大奶奶）在嫁给徐佃选之前，就会演唱100多部周姑戏传统剧目，系祖辈传承。根据以上传承体系推算，周姑戏进入莒地至少有200年的历史。

周姑戏经常演出的剧目有《三劝》《四大京》《八大记》等，多是反映男女爱情、家庭伦理的小戏，语汇生动活泼，曲调质朴自然、婉转动听，颇得群众，特别是农村妇女的喜爱，因而有"拉魂腔""栓老婆橛子"之称。周姑戏传统剧目有300多个，其中本戏、折子戏100多个，连台本戏近100个，这些剧目在词语方面有一个共同的特点，就是贴近群众生活。周姑戏所有传统剧目均无笔录剧本，皆以师承关系腹本传授，要想学戏必须拜师。周姑戏进入莒地发展至今，虽受其他兄弟剧种和地方方言的影响有所演变，但基本保留了原貌。

周姑戏属于板式变化体，演唱时只敲打锣鼓不弹弦，后以自制的土琵琶（柳叶琴，当地称之为"月琴"）作为伴奏乐器。早期，艺人们三五人结伴，沿街串乡演唱，称为"唱门子"。他们经常演唱的都是小段子，后来形成"篇子"和《双拐》等小戏，发展成"对子戏"和"抹帽子戏"（一两个演员扮演剧中不同角色）；之后，演出人员不断扩充，有"七忙八不忙，九人看戏

图一　周姑戏演员徐庆余演出剧照

图二　月琴

房，十人成大班"的说法。艺人们自搭简陋戏台，以板凳、芦席分隔前场后台。男角戴礼帽、穿长衫，挂上髯口就演老生，摘下髯口便是小生；旦角额上扎一彩球，束腰裙。周姑戏常用板式有慢板、快板、散板等。唱腔主要以徵调式和宫调式为

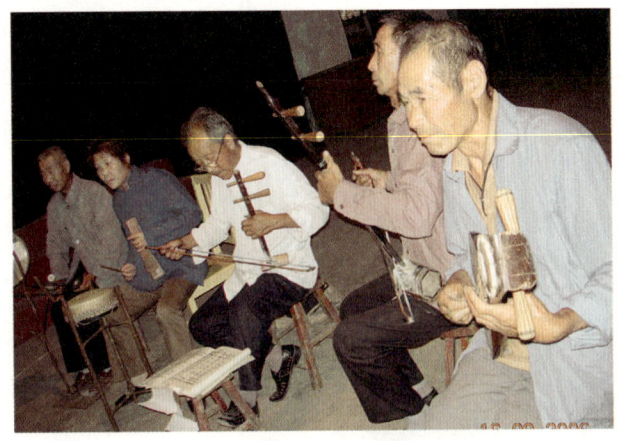

图三　周姑戏伴奏乐队

主，徵调式温和缠绵，主要用于旦角；宫调式明快刚劲，主要用于生角。艺人在演唱时，经常同主音转换，不拘一格；男女唱腔都用真嗓演唱，女腔尾音翻唱八度。周姑戏伴奏分文、武场：文场伴奏乐器是民间自制的土琵琶，配以二胡、扬琴或者京胡等乐器；武场为锣鼓。

1980年，莒县改革开放后的第一个农村小剧团，先后学习排演了《四大京》《八大记》等传统古装戏30多出。此后，周姑戏的发展进入鼎盛时期。1982年5月，省、市级艺术馆分别在有关刊物对小剧团做了介绍；同年8月，新华社记者和山东省广播电台对该剧团进行了采访报道；春节期间，山东省广播电台播放了该小剧团演出的剧目《恋歌一曲》；1983年11月，山东省电视台录制播放了该剧团的电视新闻。1989年，周姑戏专家胡善义对周姑戏的唱腔板式进行了整理，为周姑戏的创新与发展注入了新的血液。1995年，在原小店周姑剧团的基础上，

图四　《张郎休妻》剧照

重新组建了夏庄镇周姑剧团。后来，该剧团常年在鲁东南地区巡演。

除莒县夏庄镇的周姑剧团外，目前长期活跃在基层的业余剧团有：成立于1961年的安庄镇周姑剧团、成立于1965年的莒县峤山地方剧团、成立于1980年的莒县峤山镇周姑剧团、成立于1996年的莒县梅兰周姑剧团。

周姑戏丰富的表演内容和艺术特征，对于丰富群众文化生活、建设社会主义新农村都将产生一定的促进作用。除此之外，周姑戏的唱腔与柳琴等地方戏关系亲密，对山东戏曲文化的探索与研究有着重要意义。

蛤蟆嗡

> 2009年,冠县的"蛤蟆嗡"被山东省人民政府列入第二批省级非物质文化遗产名录。

冠县位于山东省聊城市西部,南邻莘县,北接临清,东与东昌府区相连,西隔漳卫河与河北省馆陶县、大名县相望。这里历史悠久,金建桑桥镇于此,后来因为种植桑树而闻名,改称桑阿镇,为冠县古镇之一。该镇位于冠县东南部,是冠县面积最大的乡镇,地势平坦,交通便捷。桑阿镇作为冠县著名的"民间文艺之乡",民间戏曲、曲艺资源非常丰富,"蛤蟆嗡"就是该镇独有的地方剧种。

蛤蟆嗡戏源于河北省武安县一带的"落腔"。1890年前后,落腔艺人孙和顺讨饭来到桑阿镇一带,在魏辛庄安家落户,将这种小戏传播开来。后来,河北大名县的彰彩荣前来教戏,使蛤蟆嗡开始流传。在流传过程中,落腔吸收了流行于本地四根弦、河北梆子的某些声腔并加以融合,逐渐形成了一种独具特色的戏曲剧种。由于这种戏的主奏乐器"蛤蟆嗡板胡"音质低沉浑厚,从远处听如同蛙鸣,被称为"蛤蟆嗡",遂以此为名。1935年前后,桑阿镇苇园村的"蛤蟆嗡班"已经成为较有名气的民间戏班,有演员30多人。蛤蟆嗡戏主要分布于桑阿镇、苇园、魏辛庄、小张庄等地,该剧的最鼎盛时期,演出范围可达周边数县。

图一 蛤蟆嗡演出剧照

1949年以后,桑阿镇组织了专职蛤蟆嗡演出队进行演出。1959年2月,演出队表演的小戏《故事出在棉鞋里》在全省文艺调演中荣获一等奖,受到高度评价,蛤蟆嗡从此崭露头角。

蛤蟆嗡虽是民间小戏,但角色行当齐全,传统剧目甚多,有《王子龙掉印》《吕蒙正赶斋》《老少换》《杨二舍化缘》等30多个剧目。

蛤蟆嗡唱腔婉转动听,其唱腔音乐属板式变化体,主要板式有慢板、二板、流水、娃娃腔、发腔迷子等。慢板为一板一眼,二板、流水、娃娃腔为一板一眼,发腔迷子和闷场则属无板无眼,自由节拍。蛤蟆嗡的唱腔起句多从"5"音起(也有从"2"或"1"音起),而下句落音基本上是落在"1"音上,属于宫调式。

蛤蟆嗡的唱词大量使用本地方言,朴实诙谐,具有浓郁的地方色彩。其唱词以七字句的上下对偶句为主,也有八字、九字、十字等字数不等的长短句。此外,还经常加用衬字,如"那个""呀"等。乐队由文场和武场两部分组成。文场主奏乐器除"二胡头"之外,还有二胡、笛、笙、三弦等;武场使用的乐器有板鼓、锣、钹、手锣、堂鼓等。蛤蟆嗡的主奏弓弦乐器"蛤蟆嗡板胡"又称"二胡头",或称"胡子"。它是将粗大的椿树根挖制成琴筒,蒙以

图二　蛤蟆嗡老艺人演唱

桐木薄板，上配30多厘米的琴担、两根丝弦及马尾弓。椿树根木质松软，发音浑厚悦耳，瓮声瓮气，使蛤蟆嗡的唱腔具有一种特殊的韵味。

　　文场的大多数伴奏曲牌是民间乐曲，还有一部分是吸收其他剧种的曲牌逐步演变而成的曲牌。常用的曲牌有【上香牌】【五字开门】【打水牌】【放风筝】等，多在生旦戏中，如小姐上场、收拾桌椅或跑圆场时使用，亦可用在剧目开始时或在唱腔中作为压板音乐。武场使用的锣鼓经分为两类：一类用于各种板式唱腔之前的"开头"，如慢板开头、二板开头、流水板开头、娃娃腔开头等；另一类是配合演员表演和身段的锣鼓经，如并三锣、紧急风、四击头、回头、垛头等。

　　蛤蟆嗡所使用的语言为冠县地方方言，唱词多用百姓口头语，唱腔吐字清晰，通俗易懂，好学好唱，特别适宜编演新戏。以《梁祝下山》中祝英台的一段唱词为例：

　　　　走一洼，又一洼，
　　　　洼洼里边有庄稼。
　　　　高的是高粱，
　　　　矮的是棉花，

图三　蛤蟆嗡小戏剧照

不高不低是芝麻，

芝麻地里带着打瓜。（西瓜的一种变种，籽大）

小孩偷瓜不从大道走，

顺着桑沟往里爬。

蒺藜刺着不敢哭，

一偷偷来个大打瓜，

打开它红瓤沙又沙。

梁兄啊，我有心偷瓜叫你用，

还恐怕，你吃上甜头再偷瓜……

这种纯真朴实的语言、含蓄风趣的比喻极具特色。

蛤蟆嗡戏在传承和发展中，保留了较为翔实的资料。1949年以来，蛤蟆嗡戏编演了大量唱段、小戏，生动地记录了蛤蟆嗡戏的传承和发展之路。它唱腔多变，板式丰富，传统剧目流传较多，已成为较为成熟的剧种。

为了让这一戏剧传承下去，当地组织相关专家探讨蛤蟆嗡保护办法，建立专门保护组织，选派专业人员学习该剧种的唱腔和表演程式，搜集文字、音频、视频等资料，并将其整理成档案。

一勾勾(四根弦)

> 2015年，高唐县的"一勾勾（四根弦）"被山东省人民政府列入省级非物质文化遗产扩展项目名录。

高唐县位于山东省西北部的聊城市北端，这里光照充足，降水集中于每年七八月份，对农作物生长发育极为有利。地处黄河冲积平原，地势开阔平坦，马颊河、徒骇河穿境而过，土地肥沃，农业经济发达，是远近闻名的棉花产区。这里民风淳朴，文化底蕴深厚，有文字记载的历史有2800多年，尤其是书画艺术源远流长，著名的四根弦就起源于这里。

一勾勾又称为"河西柳""四根弦""四音"，主要流行于山东聊城、德州及河北省东南部地区，至今有200多年的历史。高唐四根弦是高唐民间流传的地方剧种，起源于高唐县人和街道（原张庄乡）的北马村，始于明末清初。《清平县志》（现属高唐县清平镇）有"乡曲间又有'四根弦'"的记载，《聊城地区

图一　四根弦艺人在小树林为群众演唱

文化志》有"清朝中期创建高唐马庄'四根弦'班"的记述。

高唐四根弦最初源于当地的一种鼓手秧歌，演唱者身挎腰鼓，手拿鼓槌，以鼓伴唱或伴奏。起初，其说唱地点一般选在街道或村边场院，后发展为搭台演唱。伴奏乐器也逐步增加了四根弦（每两根弦夹着一股马尾伴奏）、板胡、笛子、二胡、三弦等。武场伴奏增加了板鼓、锣、镲、小旋子等打击乐器。脚色行当也由单一的小生、小丑、小旦，发展为全行当。唱腔板式在头板、二板、三板基础上，增加了流水、数板、慢板、垛板、紧拉慢唱等。因它的伴奏乐器以四弦为主，故高唐人习惯称该剧种为"四根弦"。

清末民初，高唐县北马村男女老少都会唱四根弦。据传，若是北马人不会唱四根弦，就会惹来杀身之祸，只有唱上几句方能脱身。该村还流传"不锄地，不浇园，也要去演四根弦"的说法。这些传说从侧面证明该村四根弦曾经非常流行。每年农闲季节，特别是秋后到次年元宵节这段时间，村里总是搭台唱戏，吸引十里八乡的群众来看戏，周围村庄也会请他们到本村表演。四根弦的流行范围后来扩展到周边县区，如临邑、夏津、临清、东平、禹城等。现在四根弦分布于高唐县人和、固河、梁村、三十里铺、姜店、琉寺等乡镇，在禹城、临清、夏津一带也有分布。

改革开放以来，高唐县北马村自发组织起四根弦戏班，逢年过节，除演唱部分传统剧目外，还自编自演反映当代生活的唱段，年年参加县乡文艺演出。

高唐四根弦音乐唱腔紧密结合当地方言土语，唱字无腔，如说如念，行腔无字，伴奏相随。真嗓吐词，假嗓拖腔，行腔尾音多带翻高上挑。其板式有头板（大慢板）、二板、三板、反板，其中头板有板无眼（1／4

图二　表演队伍在文化馆排练四根弦

节拍）。主要剧目有《王小赶脚》《宋江杀惜》《吕蒙正赶斋》《武家坡》《大宫花》《西岐州搬兵》《孟金花走娘家》《大松林》《小松林》等。

四根弦的伴奏乐器有文场和武场之分。文场主要伴奏乐器为四胡（高唐人习惯称四根弦，由琴杆、琴筒、弓子、两根外弦和两根内弦组成，琴筒长17厘米，直径8厘米，四根弦总长90厘米），还包括二胡、笛子、板胡、三弦、笙。武场主要有板鼓、板、大锣、小锣、铙钹。

四根弦深受群众喜爱，是当地群众重要的娱乐方式，也是节庆文化的重要活动项目。四根弦在今天仍然焕发着新的生机。近几年，在社会各界的支持下，高唐四根弦剧团多次参加县乡文艺演出，走街串巷参加各地的汇报演出。四根弦是山东传统戏剧的重要组成部分，加强对四根弦的研究，对整理山东省民间戏剧有重要意义。

图三　相关人员在四根弦艺人家中采访

山东梆子（长清）

> 2016年，济南市长清区的"山东梆子"被山东省人民政府列入省级非物质文化遗产代表性项目名录扩展项目名录。

山东梆子简称"高调"或"高梆"。清代康熙（1661—1722）年间的《在园杂志》（刘建玑著）最早记载了"梆子腔"一名。据严长明《秦云撷英小谱》、吴长元《燕兰小谱》及雍正十年（1732年）的《梨园馆碑记》记载，唱梆子的山东籍艺人孙国豹、郭凤山活跃于北京戏坛，往返于京鲁之间演出。至于当时唱的梆子腔，与当今流行的山东梆子有何异同，虽缺乏确切的音响、曲谱方面的文字记载，但与山东梆子老艺人口述情况相近。据山东梆子老艺人刘勾文（1879年生，山东梆子名丑刘玉朋之师）讲："我们唱的梆子戏，最早是山陕梆子经过开封一带流传过来的。"开封以南，朱仙镇以北，有老郎庙（祀庄王），过去每年都有盛大庙会，山东梆子艺人曾捐资修建。

图一 《流泪的风铃》剧照

据当地老艺人陈国华先生介绍，山东梆子在清晚期至民国时期在长清境内曾一度流传；1949年以后，当地一些专业山东梆子演唱人员分别从泰安、东平、嘉祥云集于长清区域内，排演了《玉虎坠》《老羊山》《墙头记》等历史名剧，使山东梆子流传范围更为广泛。

长清境内山东梆子剧目题材的范围非常广。有表现各朝代主要人物的，有表现反抗强暴势力的，有表现民族斗争的，也有表现家庭伦理的，还有以神话故事为题材的民间传说戏、男女爱情戏等。由于多数剧目是群众创造的，又经过当地民间艺人的不断加工，善良朴实的劳动人民形象被表现得栩栩如生。

长清境内山东梆子的传统表演形式，主要是唱、念、做、打。它的表演手法比较粗犷，动作架势夸张，以黑脸、红脸戏较为突出。在《包公铡陈世美》这段戏中，包公歪戴相沙，把胡须往耳边一挽，明铡带彩，登上桌子亲自按铡的动作，表演非常粗犷。梆子戏个别人物与其他剧种稍有区别，在表演方面，与柳子戏、莱芜梆子、大弦子戏等古老剧种相似，如黑脸上场亮相时，要双手举过头顶；五指分开表现急躁情绪时，"吹胡子、瞪眼带活腮"；表演愤怒时则晃膀、跺脚。

近几年来，当地戏剧团创作排演了山东梆子《郭巨传奇》，借鉴其他剧目排演了《钟馗嫁妹》《宇宙锋》《黄鹤楼》等剧目，使山东梆子剧目更加丰富多样。

山东梆子传统剧目600多个，传统曲牌60多种，唢呐曲牌120多支。其剧目、声腔、曲牌、表演、弦乐、打击乐都体现了山东的地方特色。山东梆子唱腔高亢激昂、字正腔圆；乐队伴奏浑厚有力、感染力强，充分体现了山东人民的豪迈尚武之风。山东梆子在山东地方戏曲

图二　《郭巨传奇》演出剧照

图三　2014年，济南豫剧团参加首届中国黄河流域戏剧红梅奖大赛

剧种中独树一帜，丰富的内容和显著的特征使其成为中国最主要的梆子腔剧种之一。

山东梆子吸收弦索、俗曲、小令等几十种唱腔曲牌，经过艺人们的不断加工，大大丰富了山东梆子的音乐表现形式。长清境内山东梆子依然是群众不可或缺的重要文化活动，艺人和乐手经常参加当地的民俗活动，深受群众欢迎。现今，山东梆子不但承担一些普通的文化活动，而且在宣传道德风尚、普及法制观念方面发挥着越来越重要的作用。

丰富的声腔板式和多种多样的伴奏曲牌鼓经，使得山东梆子的音乐表现力既生动又平俗，深受观众喜爱。在当地各界人士的支持下，长清区的济南市豫剧团经常参加各类比赛，2014年参加了在河南洛阳举行的首届中国黄河流域戏剧红梅奖大赛。

章丘梆子

> 2016年,章丘市(现改为济南市章丘区)的"章丘梆子"被山东省人民政府列入第四批省级非物质文化遗产代表性项目名录。

章丘自古就是南北贸易、商贾往来的重镇,由于商业发达,当地的戏曲艺术也极为繁盛。历史上,章丘境内很多村庄都有"章丘梆子"的子弟班,其中文祖的黄露泉、东张官庄的石匣、下白球等村庄的子弟班在当时都很有名气。

章丘梆子又名"山东吼""章丘呕""靠山梆子"。明朝时期,许多山西人移民山东,山陕梆子便是随这些山西移民传入章丘的。后来,在章丘当地方言、章丘秧歌以及章丘民间音乐等艺术形式的影响下,山陕梆子发生了很大变化,人们把这种变化了的梆子腔称为"章丘梆子"。章丘梆子承袭了蒲州梆子和秦腔的表演程式、音乐风格,形成了自己独特的艺术风格,成为山东大地上颇具影响力的剧种。清朝中期,秦腔、蒲州梆子与皮黄相结合形成了河北梆子。后来,章丘梆子与河北梆子同台演出,人们为区别这两种不同风格的梆子腔,称河北梆子为"西路梆子",称章丘梆子为"东路梆子"。章丘梆子班社经常到济南、莱芜、泰安、济宁、德州、商河、济阳、惠民、无棣、淄博等地赶庙会、山会,进行巡回演出。据调查,山东境内的梆子戏剧种,如莱芜梆子,山东梆子等均受到了章丘梆子的影响。

章丘梆子是一种较为完善的戏剧曲种,在行当的建设、故事情节、乐队伴奏等方面都自成一体，是集歌、舞、乐于一体的一门综合类艺术形式。章丘黄露泉村的老梆腔，也就是东路梆子，在黄露泉村传承已有500多年的历史。那里的人们祖祖辈辈口耳相传，他们一般在农闲时节排练章丘梆子，每逢重大节日便会进行演出。据当地的老人说，黄露泉村梆子戏团与邵庄、王黑、朱家峪、田家柳、孟家峪等村庄的子弟班都有交流，他们还经常到专业剧团四季子班看戏取经，也曾与西路梆子专业团互相交流学习。由于祖辈口耳相传的传承方式以及黄露泉村处于相对封闭的地理位置，黄露泉村的梆子戏受外界的影响较小，始终保持着原汁原味的戏剧特色。

章丘梆子以硬木梆子击节，并以不同形制的板胡为主奏乐器。其调式多为徵调式，唱调为上下句式，多以流畅的花腔乐句为辅。曲调以七声音阶为主，常用闪板，整个音乐风格高亢激昂、悲壮粗犷。当然，在许多传统剧目中也不乏诙谐活泼、充满生活气息的剧目，如《天仙配》《双锁山》等。章丘梆子以一对上下句作为基本的结构单位，可以用一对上下句组成一段独立的乐曲，也可以用若干对上下句组成一段乐曲，在组织形式和运用方法上比较灵活。唱词的基本格式是七字句和十字句，节奏整齐，在衬字的运用上也更为自由，可以灵活地运用原板（2/4节拍）、慢板（4/4节拍）、流水（1/4节拍）、二六、散板、导板、摇板等多种节拍形式。

章丘梆子表现人物事件的手法甚多，行当齐全，生、旦、净、末、丑也各有不同，手、眼、身、法、步一丝不苟。乐队分为文场、武场。文场主要以板胡、二胡、月琴唢呐为主，武场主要由鼓

图一　板胡独奏章丘梆子大增板

板、梆子、小锣、大锣、铙钹组成。章丘梆子的伴奏中定弦为6、3弦，曲调较高。唢呐曲牌较多，有【到春来】【泣颜回】【勒马令】【傍妆台】【备马曲】【大小扬州尾声】等，并兼有其他曲调。这些曲调一般用

图二　唢呐独奏曲牌【到春来】

于上下场或剧中大型活动，表现突出。章丘梆子唱腔板式分为慢板、快板、散板三大类，细分又有载板、炸簧、悠板等30多种。如大增板（又称大一板）、二板、流水板、剁板、散板（又称再板）、巧腔（又称娃娃腔）、哭腔、一句一打、快板等。演出剧目主要有《双锁山》《天仙配》《全忠孝》《串龙珠》《双基官》《南阳关》等。

　　章丘梆子是人们表达对历史人物、历史事件看法和观念的一种方式，劳动人民还用它来抒发自己心中的情感，寄托自己的希望，观众可以从表演者的动作、念白、唱词等各方面体会章丘梆子带来的美感。章丘梆子的盛行源于较为单调的农村文化生活，是当地人们业余文化生活的重要内容。

图三　素颜演出《全忠孝》选段

八仙戏

> 2016年,淄博市临淄区的"八仙戏"被山东省人民政府列入第四批省级非物质文化遗产代表性项目名录。

据考证,八仙戏源于宋元杂剧和南戏,是山东省淄博市临淄区的重要剧种,也是目前山东省较为古老和稀有的戏种之一。八仙戏在明末清初传入淄博,在皇城一带流传。演出此戏时,惯例先演《八仙庆寿》,因此,群众将其称之为"唱八仙",后称"八仙戏"。八仙戏与道情、渔鼓有一定的亲缘关系,在流传过程中受到了柳子戏和当地民间艺术形式的影响,发展成一种新的剧种。

八仙戏究竟

图一　淄博市临淄区皇城镇五路口村

由何人传入,说法不一。第一种说法认为,羊羔庄尚未改名为"五路口村"时,一名配军从山西被发配到这里,他随身携带一把御赐小勺,在集市上从粜粮人的口袋里,任挖一勺粮食,糊口度日,温饱之余,常演唱消遣,百姓听来悦耳,请他教唱,传下了此戏。第二种说法认为,大约在清康乾时期,一帮江苏举子进京赶考路过此地,在街头"搬板凳"(即摆地摊),用笙笛伴奏演唱,人称"高腔",当地百姓非常喜爱,请他们教唱,传下了此戏。上述两种说法尚无资料可考。一般认为,因这里是商贾、艺人、僧尼集散地,传授者是江湖艺人、过路僧尼的可能性比较大。

八仙戏源远流长,受到不同地区人民生活的影响,经过艺人的加工和改进,形成了雅俗共赏的艺术特点。有些文辞通俗而有文采,俏丽而不失质朴;有的剧目字里行间充满了生活气息。八仙戏的音乐属曲牌体,形式比较原始、简单。它流传到五路口村后,随着武打场面的增加,除笙笛伴奏之外,又增加了唢呐,并吸收了其他剧种的部分锣鼓点。

淄博市临淄区一带曾有"三羊、二马、一羊羔","三羊"指东南羊村、西南羊村、北羊村,"二马"指大马岱庄、小马岱庄,"羊羔"指羊羔庄。据传,历史上每年当地农历十一月初八有6天羊羔大会,十里八乡的百姓来此交易羊羔。大会期间,有戏剧演出,还有赛马活动,因此得名羊羔庄。清中叶,该地成为重要交通枢纽,成为通往羊口、青州、无棣、临淄等地五条交通要道的交汇地,故更名"五路口村"。这里自古以来便是贸易集镇,是商贾、艺人云集之地,寺庵、龙王庙分布在山间乡野,寺庙香火盛行,僧尼云游

图二　八仙戏相关资料

其间，祭祀活动、佛道文化盛行，为八仙戏的产生提供了肥沃的土壤。

《临淄区志》记载，现在临淄区皇城镇五路口村、曹村、刘家辛、郑辛庄这几个村大多建于明代。元末明初，从山西、河北迁入大量人口，他们将原籍的传统剧目带到此地，不断与当地其他戏剧融合发展，最终孕育了八仙戏。

八仙戏的剧目内容、表演形式、唱腔音乐等，体现了浓郁的地方特色。其内容多取材于当地民间传说，形式融入了当地流行的民歌，说唱的某些曲牌音调深受本地南北曲、明清俗曲、渔鼓（道情）音调的影响。

八仙戏有7部较为古老的剧目，即《赴宴》（又称《八仙庆寿》）、《烧海》、《白虎岭》、《万寿山》、《白云洞》、《贾家庄》、《寻经》；后新增加的有13出，即《毒敌山》《高老庄》《洪江口》《双叉岭》等。八仙戏的很多剧目取材于神话故事，剧中人物多是菩萨、真人、精灵、妖怪等。

八仙戏的曲牌原有【烛影飞】【耍孩儿】【桂枝香】【好佛（号佛）】【混江龙】【皂罗袍】【步步紧】【点绛唇】等。这些曲牌的调式、旋律、节奏各具特点，演出时各曲牌单独使用，无相互转换或连套的情况，演唱时不分角色行当，同曲同调。这些曲牌以宫调式、羽调式、徵调式为主，形式比较简单。其中的【耍孩儿】是一首八乐句羽调式曲牌，音乐主题鲜明。

图三　八仙戏《贾家庄》演出剧照

随着社会变迁，八仙戏增加了新的表演形式和内容，反映了不同时代的社会风貌，保留了大量社会文化史资料。

为了将八仙戏更好地传承下去，山东省戏曲研究室对该戏进行整理，抄录部分剧本；1991年，山东文艺出版社出版的《古本戏曲西游记（校点注释本）》，收录其剧目17出；2015年，五路口村又复排了《八仙庆寿》《贾家庄》。加强对八仙戏的保护，对于研究当地社会风俗史具有重要意义。

山东梆子（济宁）

> 2016年，济宁市的"山东梆子"被山东省人民政府列入省级非物质文化遗产代表性项目名录扩展项目名录。

山东梆子是山东最主要的地方剧种之一，流行于鲁西南一带。济宁是山东梆子的主要发祥地。

山东梆子源于山陕梆子，大约形成于明代嘉靖年间，并沿着商路流传四方。山陕梆子是通过黄河和运河两条商路传入山东的，传入后，与山东当地原有的击节而歌的民间艺术、民间戏曲形式相结合，并且融入了当地方言，形成了独特的声腔；清初时，在鲁西南地区的一些州、县形成了独具特色的本地梆子。后来，各地的本地梆子经过一段长时期的相互交流融合，形成了共同的艺术风格，统称为"山东梆子"。

清朝乾隆年间的《秦云撷英小谱》记载："院本之后，演为曼绰，为弦索。……弦索流于北部……陕西人歌之为秦腔。……至于燕、京及齐、晋、中州，音虽递改，不过即其本土所近者少变之。"其中的"齐"，就是指山东。据嘉庆十五年（1810年）刊印的留青阁小史《听春新咏【西部】》"金庆儿"条："姓金，名元庆，字菊人，又字绣卿，年十五，山东兖州人（大顺部）。"该条附诗说："齐歈不唱唱秦声，怯怯玉喉度玉筝。" 说明山东艺人进京后，不唱"齐歈"而改唱山陕梆子，也使用弹拨乐器（筝）伴奏。至迟在乾隆年间,山东境内已有本地梆子存在,且有山东籍演员到北京演出。这一点,与山东梆子老艺人追述中的时间较接近。

1957年,山东省戏曲研究室曾专门拜访了山东梆子老艺人段广才(艺名"段玿",1889年生),他讲:"听我老师张恩普说(济宁人,花脸),济宁财神阁的高调'五福班'是明朝万历皇帝登基以前由李翰林创办,至今已有380多年的历史,这个班垮了不过五六十年。"另据巨野大姚班最后一代班主姚保员介绍:"姚班始建于清代,姚孔绰是第一代传人,到我已是第九代了,姚班至今已有280多年的历史。"再综合一些其他的资料,我们可以知道,山东梆子约在清初就相当流行,而它产生的时间则可以追溯到明代后期。

据济宁市相关文史资料记载,民国初年至1949年间,济宁城区建立了育华舞台、逢春、书带草亭等10多处戏院。运河以西的金乡、嘉祥、鱼台,运河以东的曲阜、兖州、泗水、邹城、滕州等城乡均有相当数量的新老演出场址。1953年,济宁地区曾有33个专业梆子班社;至1956年,此地山东梆子剧目有440出。近百年来,山东梆子的著名演员层出不穷,仅济宁一带就有"一声雷""红脸王"之说。"傅七儿的刀,吴仗儿的腰,泼嘴老鸹唱得高","金马驹子银铃铛,不及立楞一晃荡",都是夸赞优秀演员的顺口溜。其中"傅七儿"是刀马旦,"吴仗儿"是花旦,"泼嘴老鸹"是青衣,都是汶上"大曹班"的;"金马驹子"(红脸关文喜)、"银铃铛"(花旦师云海)、"立

图一　山东梆子著名演员李云鹏剧照

楞"（青衣花旦宋玉山）都是邹城"双盛班"（"亚圣府班"）的。此外还有"白牡丹"（薛子玉）、"黑牡丹"（刘宝玺）、"金蜜蜂"（李士彦）、"羊角蜜"（董明臣）、"十二云"（孙逊云、吴慕云、刘景云）等。

山东梆子的唱腔慷慨激昂、高亢浑厚，富有浓郁的地方特色，唱腔曲牌、伴奏音乐优美动听，丰富多彩。最初，山东梆子中的红脸、黑脸全用"大本腔"（本嗓），与莱芜梆子、平调目前的唱法很接近。旦角最初时也用大本腔，尾音带"讴"（如《对松关》中洪月娥所唱），后来，山东梆子的唱腔逐步变为用"二本腔"（假嗓）演唱。

山东梆子的剧目特别丰富，有独台本、连台本、折子和历史故事、生活小戏等。就其题材来说以历史题材为主，也有表现家庭伦理、神话传说、男女爱情及民间生活题材的戏。演出的主要剧目有《春秋配》《甘露寺》《芦花荡》《借东风》《两狼山》《李陵碑》《提寇》《打銮驾》《花打朝》《打金枝》《贺后骂殿》《铡美案》《对花枪》《八宝珠》《水淹罗成》《胡金婵招亲》《墙头记》《程咬金招亲》《画龙点睛》《花枪缘》《樊梨花》《白蛇传》《天仙配》等。其中《两狼山》被上海百代公司灌制成唱片，《墙头记》于1982年由中央新闻纪录片厂摄制成彩色影片。

进入20世纪90年代，山东梆子又有所创新和发展，一直到现在仍然保持着鲜明的表演风格和艺术特色。《运河老店》就是以济宁当地运河文化为依托，充分利用山东梆子这一传统戏曲剧种，全力打造的一部优秀的新编历史故事剧。《运河老店》以"名驰京省，味压江南"

图二　《两狼山》剧照

图三 《运河老店》剧照

的玉堂酱园为原型,向观众讲述了一个"因运河而生、因运河而兴"的百年老字号的传奇故事。2009年9月,《运河老店》在济南参加第九届山东文化艺术节时,获新创作剧目一等奖、编剧奖、导演奖、舞美设计奖。同年11月,《运河老店》代表山东省参加在厦门举办的第十一届中国戏剧节,获剧目奖和优秀表演奖。

山东梆子是我国非物质文化遗产宝库中的一颗明珠,它具有丰富的剧目内容、高昂优美的唱腔、丰富多彩的曲牌音乐伴奏以及独具魅力的艺术特色,为地方史、民俗学、文学、音乐、美学、方言等的研究提供了宝贵的素材。

茂腔(五莲茂腔)

> 2016年,五莲县的"茂腔(五莲茂腔)"被山东省人民政府列入省级非物质文化遗产代表性项目名录扩展项目名录。

五莲县地处山东半岛南部,日照市北端,东临黄岛,南接东港,西连莒县,北靠诸城。五莲县历史文化悠久,全县共有汉代以前遗址、墓葬100余处,出土了大批有地方特色的文物。考古发现的潮河丹土遗址证明,早在四五千年前,这里曾是古人类繁衍和生存的摇篮,后发展为以五莲东南部为中心的龙山文化。

深厚的文化底蕴是城市发展的根基,悠久的文明孕育了五莲地区灿烂的文化。在此基础上,五莲地区出现了一些地方小曲,后经整理成为五莲民歌。肘鼓子与五莲民歌相结合,演变为流行于五莲地区的本肘鼓,这也为茂腔的发展奠定了基础。

五莲茂腔起源于明末清初的民间小调。明末,敲狗皮鼓(或牛皮鼓)演唱的"姑娘腔"传入五莲境内,与本地花鼓秧歌相结合,演变为肘鼓子,演唱者以方言似的曲调,以肘鼓、手锣伴奏。乾隆年间,肘鼓子已在五莲民间广泛流传。肘鼓子在发展过程中又吸收了柳琴戏的伴奏及腔韵,乐器加以柳琴或月琴、二胡;唱腔末句的尾音用高八度行腔,习称"打冒",统称"冒肘鼓"。19世纪,当地的农业环境非常恶劣,人们从土地中得不到希望,于是背井离

图一　五莲茂腔《状元与乞丐》片段

乡，寻找生路。为了维持生计，卖唱就成为当时一种较为普遍的生存方式，演变为后来乞讨时"唱门子"的一种手段。作家莫言曾描述茂腔戏："唱腔简单，无论男腔女腔，听起来都是哭悲悲的调子。"

同一时期，京剧、河北梆子传入五莲，出现了"三合一"的演出方式，即大戏（京剧、河北梆子）之前先演小戏（五莲茂腔），受其影响，冒肘鼓的腔调发生了变化。20世纪20年代冒肘鼓艺人为在竞争中求生存，在保持自己风格和特点的基础上，伴奏中加了京胡、京二胡、三弦等，逐渐以京胡为主弦；打击乐陆续加入了板鼓、锣、镲、手锣、堂鼓等，亦有了角色唱腔的分配及固定板式，成为一种能在舞台上演出的戏剧——"冒腔"，1949年以后冒腔改为"茂腔"。

唱腔能够体现出各种戏剧音乐的独特风貌。五莲茂腔源于农村，朴素自然，乡土气息浓厚。唱腔旋律直，唱念俱用本地方言，易听易懂，简单易学。男腔主要行当有小生、老生和净，女腔主要行当是老旦和花旦。茂腔戏的多数伴唱都是多人齐唱或合唱的形式，用茂腔特有的腔调衬托气氛，表现主人公的心理变化，类似于话剧中的旁白。

五莲茂腔是一个传承历史时间较长、内涵较为丰富的地方剧种。经几代艺人的创作加工，成为板式、曲牌、剧目等各方面较完备的剧种。板式中的原板俗称"四平"，是五莲茂腔的主要唱腔板式，为一板一眼（2/4节拍），有慢四平、中慢四平、快四平之别。板式分男腔原板、女腔原板，旋律从过门到唱腔男女角色皆有区别。男腔原板的旋律比较朴实，装饰音少，从眼起唱，即从后半拍开始演唱；女腔原板多倚音、颤音以及上下滑音等装饰音，曲调婉转优美动听，由一个八度的后半拍起唱，也就是冒肘鼓时期的打冒，现在改为乐器伴奏，突出了女腔的华丽色彩。慢四平又称大悠板，女腔用的较多，主要用于叙述、表白、抒情的唱段；中慢四平和快四平主要用于欢快抒情和花调唱腔，例如，古装茂腔《梁山伯与祝英台》祝英台的唱腔，抒发了别离时的复杂情感。五莲茂腔板式"娃娃"为2/4拍，用于欢快喜庆的唱段。例如，茂腔戏《状元与乞丐》中的一段唱腔表达了丁花春兄弟俩在同年同月同日喜得贵子的喜庆心情。伴奏加唢呐，音乐及唱腔协同，表现出欢快喜庆的气氛。

五莲茂腔的代表剧目如《秦香莲》《东京》《西京》等之所以受群众的喜爱，是由于这些剧目人物形象丰满、剧情感人，且内容多反映伦理道德等生活片段，让观众娱乐的同时，也提高道德水平，有助于改良社会风气、构

图二　五莲茂腔《梁山伯与祝英台》"十八里相送"片段

图三　五莲茂腔登上五莲春晚舞台

建和谐社会。在表演过程中,演员们会穿插一些夸张搞笑的动作以吸引观众;穿插五莲方言特有的腔调对白,以增加演出的趣味性和娱乐性。

五莲茂腔与京剧、吕剧、周姑戏并列,是日照市四大传统戏剧之一,是山东省民间戏剧的重要组成部分。2011年,五莲县艺术团改名为五莲县茂腔剧团,从学校中吸收有潜力、对茂腔有兴趣的年轻学生进行培养,为茂腔注入新鲜血液;同时积极开展演出活动;对茂腔的重新整理和开拓工作也正在进行中。2014年,五莲茂腔被搬上当地春晚舞台,受到了各界观众好评。

茂腔是五莲人民重要的精神食粮,"茂腔一唱,饼子贴在锅沿上,花针扎在指头上",由此可见茂腔在五莲人民心中的影响力。

蟠龙梆子

> 2016年，莱芜市钢城区的"蟠龙梆子"被山东省人民政府列入第四批省级非物质文化遗产代表性项目名录。

蟠龙梆子俗称"老婆调"，属板腔体剧种，主要以悠板（一板三眼）、中板（一板一眼）、快板（一板一眼、有板无眼）和碎板（无板无眼）四种板式为主，有曲牌音乐20多个，唱腔多种，始于明末清初的莱芜地方小调"撮头子戏"，清朝末年演变为舞台板腔体剧种，柔美而有力、婉转而动听，带有浓厚的地方特色。

莱芜市钢城区位于鲁中腹地，泰山东麓，东临沂源县，南接新泰市。莱芜历史悠久，古迹众多，文化底蕴深厚，是齐鲁文化重要发祥地。蟠龙梆子所在地下陈村，位于莱城区东北12公里，位于辛庄镇北部，村东是大汶河支流蟠龙河。据村碑记载：明洪武年间，陈姓兄弟二人由山西省迁至此处，在蟠龙河东、西两岸分建两村，该村居西，曾名下陈家庄，1949年后简称下陈。

明末清初，韩家兄弟（韩文、韩武）迁至当时的下陈家庄，并把撮头子戏带了过来。撮头子戏的表演形式是演员将木人托丁头顶白演自唱，唱腔多数是当地的小曲，表演的小戏均是家长里短的故事，深受当地老百姓的欢迎。19世纪中期，有个叫张成新的云游道士，传道至下陈家庄，观地势，见一条蟠龙环绕村南，与村北凤山呈龙凤呈祥之兆，见此风水宝地后，便定居下来。张成新

图一　2010年，蟠龙梆子剧团下乡演出

非常喜爱戏曲表演，看到本地的撮头子戏艺人韩清成的表演之后，见韩清成嗓音条件极好，表演功底也不错，能模仿多个年龄段的声音，建议韩清成将其搬上舞台。二人一拍即合，经过多次探讨交流，最终韩清成将祖辈传唱的撮头子戏搬上舞台，并依当地风水命名为"蟠龙梆子"。随着时间的推移，喜欢蟠龙梆子的人越来越多，老艺人广收徒弟，扩大团队演出规模和演员阵容。

蟠龙梆子的音乐结构体制属于板腔体，主要分为唱腔和曲牌两种。唱腔共分悠板、中板、快板、碎板四个板式类型。悠板的节奏是"强弱次强弱"即"一板三眼"（4/4节拍），上下句结构，旋律性较强，主要用于表现剧中抒情的唱段。中板的节奏是"强弱"即"一板一眼"（2/4节拍），上下句结构，唱腔平稳，节奏性较强，主要用于剧中叙述唱段。快板的节奏有两种：一种是"强弱"即"一板一眼"（2/4节拍），上下句结构，唱腔欢快，节奏性比较强，主要用于剧中体现高兴、欢快的唱段；另一种是只有强拍没有弱拍，即"有板无眼"（1/4节拍），上下句结构，字多腔少，主要用于剧中体现焦急、生气的唱段。碎板节奏属于"无板无眼"型，以"清唱""紧打慢唱"的形

图二　2011年，蟠龙梆子剧团团长韩克在城岭村接受CCTV《焦点访谈》采访

式表现，主要用于剧中表现愤怒、大哭、激动等情绪的唱段。

蟠龙梆子生、旦、净、丑行当齐全，以梆胡、笛子、二胡为主要伴奏乐器，调式为G调。丹田发声，唱腔柔美有力、婉转动听，传统的老曲调尾音高低八度有明显落差，唱腔音乐没有山东地区其他梆子剧种那么高亢，也没有民间小调那么绵软，极具特色，带有浓浓的地方风味，语言（白话）是莱芜方言。前场器乐的主要乐器梆胡（主弦），样式独特，手工制作，音色柔美响亮。

图三　蟠龙梆子主弦梆胡

今天的蟠龙梆子艺人们，凭借自己的聪明才智，创作着老百姓喜闻乐见的剧目，通过通俗易懂的语言和独特的表演形式弘扬中华民族的传统美德，传播正能量。

在各界人士的共同努力下，"莱芜市钢城区蟠龙梆子剧团""莱芜市蟠龙梆子文化创意发展有限公司"相继成立，拥有舞台、音像、道具、影视、文化下乡车等专业设备，制作影视作品41件，策划组织活动近60项，平均每年下乡演出100多场，观众来自北京、上海、天津、济南、深圳、青岛等地，甚至还有英国伦敦来的游客。

蟠龙梆子曾受到《人民日报》《中国日报》《光明日报》《焦点访谈》《新闻联播》《第一时间》《聚焦三农》《乡村大世界》《新

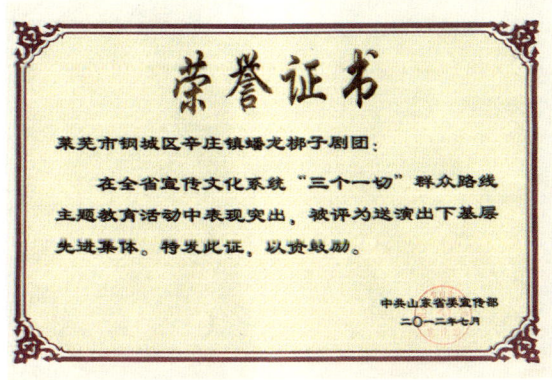

图四　2012年7月，剧团受到山东省委宣传部表彰

闻直播间》等国家级、省级各大媒体关注，2012年7月，剧团被山东省委宣传部评为"山东省送演出下基层先进集体"等荣誉称号。

蟠龙梆子是一种极具特色的中国民间戏剧，唱腔、板式、音乐风格独特，是研究中国地方戏曲文化的宝贵财富，对其进行整理和保护，对弘扬我国的戏曲文化有重大意义。

弦子戏（兰山）

> 2016年，临沂市兰山区的"弦子戏"被山东省人民政府列入第四批省级非物质文化遗产代表性项目名录。

弦子戏是与柳子戏同出一源的戏曲剧种。"东柳、西梆、南昆、北弋"四大曲调中的"东柳"指的就是山东柳子戏。尽管四大曲调中并没有提及弦子戏，但柳子戏是在元、明以来"弦索"系统的基础上发展而成的古老剧种，以演唱用俗曲（包括"柳子调"）编成的剧目为主。另外，它吸收了高腔、青阳、乱弹、昆曲、罗罗、皮黄等剧种的部分声腔和剧目，用三弦做主要伴奏乐器，笙、笛辅之。因此，直到现在，流行在运河以东的曲阜、泰安、临沂、莒南、沂南的柳子戏，群众仍习惯称为"弦子戏"。

弦子戏集民间俗曲之大成，经过艺人的加工和创新，形成了一个多乐调的戏曲声腔类型，至今保留了100多个传统剧目和数百支曲牌。

据说，明末清初，外地"胡安来"戏班的一位跑坡（当地称外出唱戏为跑坡）来到前洞门唱戏，因为他唱得很好，所以很受欢迎。当地一户姓曾的大户人家的公子曾兴文非常喜爱弦子戏，于是，他便跟随"胡安来"戏班学戏，并收留了戏班，一边学戏一边在周边村庄演唱。弦子戏就这样在曾家连续传了五代。到第五代曾传一时，曾家又和本村另一大户联合办班。另外，基本与前洞门同时，徐家庄也成立了弦子戏班，两个村的戏班相互交流学习，有时甚至

图一 弦子戏剧团的演职人员合影

同台唱戏,成为同师同源的兄弟戏班。就在前洞门村弦子戏兴盛时期,周边响河屯村、小岭村及枣沟头镇徐庄、临沂南关、朱保乡的港上村、罗庄区的湖南崖、湖西崖村等很多村庄也先后成立了弦子戏班。在这期间,前洞门弦子戏的第六代传承人顾广田曾先后到蒙阴县的几个村庄,费县的南辛庄、敢胜庄、南阴、抱窝、刘家庄,以及临沂本县(现兰山区)枣沟头镇全家林村等进行传艺教戏,为弦子戏的流行做出了贡献,同时,也确立了前洞门弦子戏在这一带的中心地位。

弦子戏的演唱特点是生、旦、净、末、丑个性鲜明,喜、怒、哀、乐皆表现于唱腔中。如旦角唱腔细腻、委婉,喜时悦耳动听,悲时缠绵悱恻,如泣如诉;生和净的唱腔刚劲,乐时奔放豪爽,怒时粗犷激昂。现存不同唱法的曲牌100余支。

弦子戏有着200多个大小不等的曲牌,其中,有些曲牌的名称是本身所固定的。有些则是由一至数个曲牌互相渗透、衍化,然后形成一个独立的曲牌(如【朝阳阁】)。曲牌名称分类如下:【娃娃】有10个,【山坡羊】有7个,【驻云飞】有6个,【桂枝香】有5个,【锁南枝】有4个,【步步娇】有3个,【序有10个,【乱弹】有2个,【风云松】有2个,【哭迷子】有2个,【走水调子】有2个,【阁】有3个,【进水令】有2个。还有一部分曲牌从名称上来看,与其他曲牌无任何联系;从内容上看,每个曲牌也是相对独立的。如小调【驻马听】【懒画眉】【龙绞凤】【掇江风】【小调江流水】【小调一江风】【春江秋】【猪拱豆】【分柳娘】【大调四不像】【大调尾声】【园陵好】【蓬莱好】【暂腔】【打枣杆】【烙心】【一封书】【还阳曲】【落汤河】【古楼台】【清江引】【将军到】【浑江龙】【二贩子】【路路急】【青石令】【浪荡沙】【罗罗】【对决板】【小五更】【倒挑船】【叠断桥】。这些曲牌随着老艺人的过世,现仅能演唱一部分。弦子戏的曲牌有的节奏缓慢,曲调细腻委婉,缠绵优美;有的诙谐活泼,明朗纯朴,富有说唱性;有的豪放激昂,刚劲有力;还有的悲哀凄切。演唱时,可根据剧情的需要,适当择取。

弦子戏演出剧目内容丰富,包含了我国古代多个不同历史时期题材的戏,如三国戏、隋唐戏、杨家将戏、水浒戏、聊斋戏等。既有文戏又有武戏,适合各阶层各类群体观看,很受欢迎。此外,弦子戏乐器"三大件"为笛、

图二　弦子戏演员在进行表演

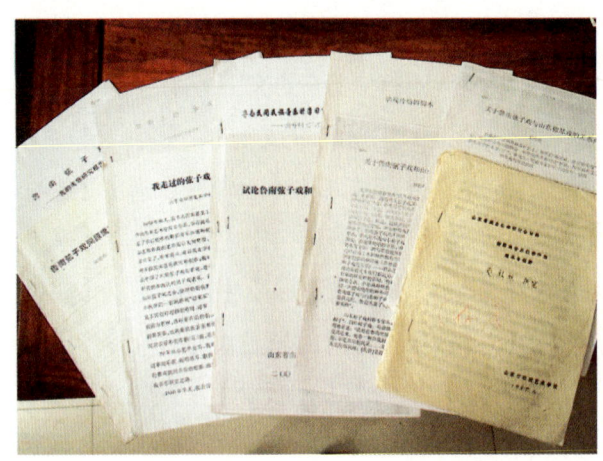

图三　弦子戏的文献资料

三弦、笙,伴奏时音域广阔、音色亮丽、节奏明快、转换流畅、优美动听,地域特色鲜明。

弦子戏的许多剧目都宣扬了扶正惩恶、清正爱民、孝老爱亲、扶危济困、见义勇为的精神,这对良好社会风气的形成、弘扬传统美德、构建和谐社会具有重要意义。此外,弦子戏寓教于乐,剧目情节跌宕起伏,唱腔优美动听,表演引人入胜,丰富了人们的文化生活。

弦子戏（沂南）

2016年，沂南县的"弦子戏"被山东省人民政府列入第四批省级非物质文化遗产代表性项目名录。

弦子戏在沂南、沂水、莒南等地比较盛行，此外，郯城、费县、平邑、蒙阴等地也有流传，是深受群众喜爱的优秀剧种。它被引入北沿汶村已有近300年的时间，仍然保留着原始声腔。

北沿汶村位于临沂市沂南县城西南10公里处张庄镇境内，地处汶河岸边，环

图一　沂南县张庄镇北沿汶村弦子戏剧团

境优美，青山环抱，全村90%以上为尹姓，还有杨、刘、张、杜、徐、袁、薛等姓氏。弦子戏为该村主要文化娱乐项目，全村80%以上村民都熟悉弦子戏剧目和曲牌。弦子戏兴盛时期戏班人数达到80多人，演唱区域遍及周围乡镇，享誉鲁南地区。北沿汶村民风淳朴，文化底蕴深厚，是弦子戏传承的中心地区。

之所以被称为"弦子戏"，是因为它的主奏乐器为弦子。弦子是老艺人根据需要自制而成，小于琵琶大于柳琴，为四根弦，包括一根老弦、一根中弦、两根小弦。据北沿汶村的老艺人说，清乾隆年间（1746年前后），本村当时在沂水县衙供职的尹廷佩，将弦子戏引入村里，并成立了戏班，鲁南地区的弦子戏都与这里的弦子戏有着密不可分的联系。该村至今尚存一个北沿汶村业余弦子戏春满园剧组，剧组前身是该村以前的业余弦子戏剧团，剧组成员都是"宁愿荒了地、不舍弦子戏"的地道戏迷，如今演唱人员已经传承到第十三代。

弦子戏的声腔最早来源于民间的俗曲小令，以后又汲取了昆曲、高腔、清扬、罗罗等戏曲的部分精华，最终形成了独具特色的剧种。该戏通过不同的曲牌、声腔、音乐及演出场景等，表现了不同人物的思想情感、内心世界，塑造出各种人物形象。总体说来，弦子戏唱腔委婉缠绵、细腻明朗、慷慨激昂，是以抒情、叙事见长的唱工戏。

图二　2014年，弦子戏剧团参加沂南县广场文化艺术节

弦子戏的演出地点和方式灵活多样，既可在舞台上做打唱演，也可以唱堂戏方式唱念道白；其唱腔、音乐、器乐独特，属于自唐代以来的宫廷大戏，具有鲜明的宫廷雅乐特色。

弦子戏调式严谨，曲牌众多，唱腔音乐非常丰富。原有曲牌300多个，现已挖掘出120多个，能演唱的也有90多个，如【娃娃】【黄莺】【山坡羊】【锁南枝】【清扬】被称为"五大曲"，加上【桂枝香】【驻马听】【步步娇】，统称"八大曲"。其他的曲牌、调式都是根据"八大曲"发展变化而来，虽然它们的曲牌、调式有所不同，但其音乐旋律与演唱风格都和"八大曲"是一致的。传唱弦子戏的老艺人说，学会了弦子戏中的"八大曲"才能够真正登台演唱弦子戏，"八大曲"是弦子戏唱腔的核心。弦子戏原有剧目120多个，现在搜集整理的剧目有40多个，有剧本并能演唱的剧目也有17个，如《雀山搬兵》《西湖游景》《珍珠衫》《寒江关》等。

北沿汶村的弦子戏是目前山东省境内十分稀有、保存传承较好的地方经典戏曲。保护弦子戏对于研究我国戏曲理论、戏曲史、地方文化的发展都有很高的参考价值。弦子戏现在已经成为当地传播正能量的一个重要方式，成为当地

图三　2014年，仙子剧团送戏下乡演出

文化建设的重要内容，对发展社区文化具有重要意义。

当地专业人员通过录制音像资料、整理文字资料等对弦子戏加以保存，对13个传统剧本、30多个器乐曲牌和演唱曲牌的简谱进行整理，还先后组织了"阳都之春""阳都之夏"文化艺术节和送戏下乡演出活动。许多戏迷投入了大量精力和财力，整理、保护剧目曲牌，坚持组织日常活动，通过老艺人举办培训班，发展了一批新的传承人。

山东梆子（聊城）

2016年，聊城市的"山东梆子"被山东省人民政府列入省级非物质文化遗产代表性项目名录扩展项目名录。

山东自古以来就是贸易运输要道，各地戏曲往往因通商贸易而在此交流沟通，并在此生根流传，形成本地的声腔剧种。山西人来山东经商为时甚早，济宁、菏泽、聊城在明代就已有了规模宏大的山西会馆。这些山西商人具有较强的经济实力，他们长期定居山东。在这种形式下，山西的戏曲和班社随之传入鲁西南一代，在不少剧目中有反映当时山西商人到鲁西南等地做买卖的情形。西梆流入鲁西南一带后，受当地文化、方言、习俗的影响，以及当地其他戏曲形式的影响，逐渐发展为今天的山东梆子。

图一 《寇准背靴》中张民饰演寇准的剧照

山东梆子又名"高调梆子",简称"高调""高梆",又因其高亢激昂的特点,被称为"舍命梆子腔",主要流行于山东西南的泰安、济宁、菏泽、聊城、临沂等地的城乡。它唱腔优美,高亢激昂,不同于其他梆子剧的特点是花腔多、甩腔多。山东梆子的传统表演程式与鲁西南一带的其他剧种如柳子戏、大弦子戏、平调等一样,表演动作粗犷,架势夸张。如黑脸上场亮相时,双手举过头顶,五指分开;推圈走圆场时,右手推圈,左臂随之有节奏地摆动;表现愤怒、急躁等情绪时,有吹胡子、瞪眼睛、带活腮、晃膀、跺脚、捋胳膊等动作。

因为流行区域的不同,各地山东梆子的称呼也有区别。如以菏泽为中心的,习称"曹州梆子";以济宁为中心的,称为"汶上梆子"或"下路调",以区别流行于鲁西南、冀南的"平调"。1952年,正式定名为"山东梆子"。

山东梆子在一开始是没有女演员的,光绪十六年(1900年)前后,出现首批女演员,如巨野县的女班中,小冷儿(旦)、小景儿(旦)均是受群众欢迎的女演员。此后,其他班社也陆续吸收女演员扮演旦行,较著名的有单县四班的王德兰、绿大褂子、红大褂子(小环)、巨野县"孔班"的李翠喜、汶上县"萱楼班"的吴太云、莘县沈庄的大金等,其中大金还能唱黑脸。王绍明(红脸、黑脸)与孙致平(旦)曾

图二 聊城山东梆子剧院《扈家庄》中纵宛宛饰演扈三娘的剧照

图三　章兰向青年演员讲解表演要领

在上海百代公司灌制过标名"山东梆子"的唱片。

山东梆子的唱腔音乐属板式变化体，各种板式均以七字句和十字句为主。其唱腔中的基本板式有慢板、流水板、二八板、一鼓二锣等，辅助板式有起板、栽板、非板、一串铃、倒反拨、亢令亢等。在板式的运用上，主要有两种形式：一种为单一板式的应用，即根据剧中情节和人物情绪，选用某一种基本板式作为一个独立唱段，主要适用于情绪比较单一的唱词；另一种形式则是通过不同板式的有机组合和转接，构成节奏变化明显、旋律对比鲜明的大段成套唱腔，这是山东梆子唱腔音乐的主要表现手法。专用曲调有"杀已调"（"哭剑"）、"流水捻子"（"兰花山"）、"叫门板"（"宇宙锋"）等。

山东梆子最初用的伴奏乐器是大弦、二弦和三弦。大弦是弹拨乐器，状似月琴，腹部八棱，无品，四轴，四弦，全用皮弦。艺人们根据它的形状，称它为"老鳖"（平调早期用的大弦，八品，又称八棱月琴）。二弦杆较短，筒较大，千斤与筒子之间的距离较近。皮弦用弓拉奏，发音尖亮高亢。三弦与现今通用的相同。后来山东梆子艺人逐渐改进，将皮弦改为钢弦（然后经开封传到河南各地），这样板胡、二胡成为主要的伴奏乐器，大弦、二弦已经很久不用了。之后又增添了笙、阮、琵琶等伴奏乐器。

2012年,新编历史剧《萧城太后》参加了"喜迎十八大相约十艺节"全省优秀舞台剧目展演。2013年7月,《萧城太后》参加第三届中国少数民族戏剧会演,荣获六项大奖。随着时代的发展,山东梆子的剧目也在不断更新。

东路梆子（阳信）

2016年，阳信县的"东路梆子"被山东省人民政府列入省级非物质文化遗产代表性项目名录扩展项目名录。

东路梆子原名"梆子腔""章丘梆子"，也叫"山东吼""东路讴"。它历史悠久、流行区域较广，主要分布于阳信、惠民、滨县、无棣、沾化、邹平、章丘、高青、乐陵等地，是山东较为古老的戏曲剧种之一。据《阳信县志》记载："县境内流传河北梆子，东路梆子最早，已有300年的历史。"

《山东地方戏曲音乐》记载："四大声腔几经演变后的皮黄腔、梆子腔、昆腔、高小调等，向苏、鲁、豫、皖不断渗入，鲁南、胶东、鲁北等地，则捷足先登，迅速把传入的各种声腔剧种和民间小调、歌舞、说唱艺术结合，互相渗透贯通，自宋元以来形

图一　阳信县东路梆子民间艺人展示东路梆子（摄影：周和平）

图二　东路梆子传承人曹小红在《双锁山》中的扮相　　（摄影：王甜甜）

成了迄今为止的30余个戏曲剧种。"这种梆子声腔与早已在本地流行的昆曲及扬州乱弹、柳子、罗罗等曲调相结合，经过艺人们的加工，并在当地方言与民间歌曲的影响下，逐渐发展为东路梆子。

清朝嘉庆年间，黄河两岸、鲁北地区每逢庙会、集会，都唱东路梆子，后来，东路梆子科班和戏班先后兴起。由于这些戏班阵容整齐，剧目内容丰富，演出水平较高，流动范围日益扩大，以章丘、阳信、惠民为中心。清末民初，在整个渤海地区，东路梆子尤为盛行，惠民、阳信、无棣、沾化等地的农村业余剧团几乎均能演出东路梆子剧目。

东路梆子的板式很多，每一种板式又有很多种变化。它的板式分为大一板（也叫大慢板）、二板（又叫慢二板）、三板、四板、简板、小简板、一句一打、三起板等。东路梆子的腔调也很多，有乱弹、昆腔、柳子腔、娃娃腔、吹腔、倒推车、五风栽腔、倒栽板、硬栽板、坐口生牙（进门上炕）、南锣等20多种。东路梆子曲牌大体有数十种，分为两类，即唢呐曲牌和丝弦曲牌。

东路梆子的唱腔非常丰富，生、旦、净、末、丑各行当有不同的唱腔，也有各自的发声方法和特点。东路梆子的唱腔特点是先吐字，后拖腔，吐字用真嗓（即大嗓），这样听起来更清楚，拖腔时高八度唱。嗓子好的演员直接用真嗓高八度拖腔，嗓子不好的演员用假嗓拖腔，也就是"吼"。东路梆子的唱腔悲壮、高亢、激昂，音乐节奏快，能够表现出剧目的内容和剧中人物的内心情感。东路梆子的唱腔形式是板腔体，唱腔结构是以上下句为基础的。这种结构形式是由唱词决定的，它的唱词是上下对仗句子，或像绝句那样的句子，演唱时，自然地以两个字、三个字、四个字为一音节唱出来，所以唱腔结构也是上下句对应着唱。唱词要求合辙押韵，如果根据剧情的需要，最后有意少唱一句，那也得用打击乐的"扫头"补上这一句。唱词有十字句，音节是"三三二二"或"三三四"；有七字句，音节是"二二三"。

据说东路梆子剧目有400多种，目前搜集到的只有347种，其中滨州地域班社、剧团演出过的有290种，未演出过的有57种。剧目取材历史故事和民间传奇，多描写帝王将相、侠客义士等内容。主要有以下剧目：《红鬃烈马》（包括《彩楼配》《三击掌》《别窑》《降马》《武家坡》《探窑》《算账》《大登殿》）、《刀劈三关》、《高平关》、《斩黄袍》、《老河东》、《三下南唐》（包括《双锁山》《哭帐》《刘金定灌药》《让印》《火烧于洪》《阴魂阵》《凤台关》）、《临潼山》、《哭头》等。

图三　东路梆子传承人毛春华在送戏下乡活动中的演出　　（摄影：王甜甜）

图四　滨州市专家赴洋湖乡西肖村与东路梆子老艺人交流（摄影：周和平）

东路梆子的剧目宣传惩恶扬善、精忠报国、仁孝和睦等理念，有助于弘扬中华传统美德、构建和谐社会。除此之外，东路梆子的剧本题材广泛，内容丰富，挖掘、整理其剧本，有利于对戏剧文学、民间文学的研究。从2007年起，当地文化工作者同有关专家深入基层，了解了近百个东路梆子艺人，通过录音、录像等方式记录了他们的演唱、演奏，整理了东路梆子完整的唱段、曲牌和锣鼓经。现已整理出《桃花庵》《白虎帐》《张宝摔子》《打灶王》《刀劈三关》《逛灯》等近十出剧目。除此之外，东路梆子剧团的常年下乡演出，并成立了阳信县东路梆子剧团，专门从事东路梆子的创作、排练、演出活动。

四平调（单县）

> 2016年，单县的"四平调"被山东省人民政府列入省级非物质文化遗产代表性项目名录扩展项目名录。

单县位于山东省西南部，与江苏、安徽、河南接壤，四平调便是流传在单县及其周边地区的优秀地方戏曲剧种之一。四平调由民间说唱艺术——"花鼓"发展而成。它的主要曲调由花鼓的"平调"演变而来，曲调四平八稳，四句一平，因而得名。

花鼓原是一种古老的民间歌舞演唱形式，有关花鼓歌舞形式的记载最早见于汉代。元、明以后，花鼓以皖北砀山为中心，活跃于鲁、苏、豫、皖接壤地区。花鼓，早时人亦称"花鼓丁香""打花鼓"。在花鼓的表演中，少则三五人，多则七八人组成一班，演员兼打击乐伴奏（没有管、弦乐器伴奏），一人扮演几个角色，在集场、庙会演唱。那时的花鼓戏演出的节目多表现男女爱情故事，如《站花墙》《小借年》等。花鼓演唱时风趣活泼，载歌载舞，唱词常用乡土语言，通俗易懂，深受群众喜爱。所以，数百年来，花鼓都是以打地摊的形式进行演唱。

民国初年，花鼓摆脱了二人对口演唱的原始状态，进入多人演唱的阶段。20世纪40年代，单县老艺人王进科、李玉田、宋全文、张全良、张士领等人融合当地特色，对花鼓戏进行改编，形成四平调。

图一 原单县四平调剧团1979年在单县戏院合影
（李世平提供）

四平调的声腔以花鼓戏的"平调"为基础，吸收了评剧、豫剧、京剧的精华，经过实践，派生出不同板式，主要有平、直、念、散四种声腔板式。平板包括平板、慢平板、反平板、快平板、货郎调、娃娃等板式。它是四平调唱腔音乐中的基本曲调，一板一眼（2/4节拍），闪起板落，由起、承、转、合四句体组合而成，唱词以十字句和七字句对偶为宜。直板包括直板、直板垛腔、直板哭腔等板式。直板声腔，中等速度，有板无眼，以平板曲调为基础，也是起、承、转、合四句体结构，多表现豪迈奔放、悲愤哀沉等感情，表现力很强。念板有"紧打慢唱"之称，包括念板、念板哭腔、念板垛腔等板式。有板无眼，由平板唱腔发展而来，说唱性很强，多表现激昂愤慨、紧张急切、欢快活泼等情感，唱词以七字上下句为宜。散板包括散板、引腔、叫板起腔、散板哭腔等板式。以花鼓的"迷子"为基础，无板无眼，节奏自由，多表现悲哀沉痛等情感。因它不受节奏的制约及过门音乐的限制，所以曲调的发展变化要求更加自然。

在四平调唱法中，旦角多用本嗓（真声）演唱，小生则真假嗓相结合（即真嗓吐字，假嗓拖腔），女艺人扮小生时用真嗓演唱，老生用本嗓演唱，净行用本嗓吐字，炸音（或虎音）拖腔。四平调多用吹奏乐、丝弦曲伴奏。吹奏乐即唢呐曲牌，多用于起兵、迎宾、修书、舞蹈等处，常用的曲牌有【点绛唇】【三枪】【四大锣】【娃娃】【欠场】【唢呐皮】等。丝弦曲有【普天乐】【风摇柳】【苦相思】【扯红绫】【巧梳妆】【赶鸡娃】【广寒宫】【步步坎】【美平调】【羊喜草】等。

四平调是地方戏曲，剧目内容多为反映男女爱情、家庭伦理的"三小戏"（小生、小旦、小丑），后来又借鉴了一些小说、鼓词，改编成连台本戏，还移植和编写了部分现代戏，剧目有200余出。经常上演的剧目如下：传

图二　单县四平调演唱剧本　　　　　（摄影：王建国）

统剧目有《小姑贤》《高文举赶考》《铡美案》《朱买臣休妻》等，连台本戏有《蜜蜂记》《金镯玉环记》《白玉楼》《大红袍》《杨家将》等，现代剧目有《白毛女》《小二黑结婚》《智取威虎山》《沙家浜》《红灯记》等，自编剧目有《英雄母亲》《战羊山》《三把镰》《情满人间》等。后来，四平调艺人能演行当齐全的高难度的武戏、身段戏，如《梁山将》《戚继光斩子》《闹

图三　2014年10月，单县莱河镇大许河四平调传人刘继轩（前右）在单县戏曲会演中表演《樊梨花征西》　　　　　（摄影：王建国）

天宫》《三岔口》《武松打虎》等。通过不断吸收兄弟剧种的表演艺术特长，四平调形成了武戏粗犷豪放、文戏细腻典雅的独特艺术风格。

四平调的生、旦、净、丑各行当互不相同。生行有红脸、净面文生、架子生、袖生、武生，旦行有青衣、红衣、闺门旦、老旦、丑旦，净行有大花脸、二花脸，末行称白胡、老外或外脚，已归入生行，丑行有文丑、武丑。旦行讲究："青衣走，大甩手；小旦走，风摆柳。"再如"推圈"，各个行当"出手"推合的具体要求是：花脸与眼齐，小生与嘴齐，旦角齐胸，小丑单指。

四平调以善唱著称，从花鼓登上舞台开始，唱腔音乐就是它的重要组成部分。其旋律优美、淳朴，说唱性较强，具有浓厚的生活气息，有较高的艺术欣赏价值。

四平调的许多剧目都表现了清正爱民、精忠报国、侠肝义胆、尊老爱幼等观念，有助于研究民风民俗和地域文化。另外，四平调音乐是从花鼓中发展而来，对研究北方民间戏曲音乐具有重要价值。除此之外，四平调的演唱及道白属北方语言系统，使用中州音韵、十三道韵辙，对研究北方方言及音韵同样具有重要的参考价值。

山东梆子（郓城）

> 2016年，郓城县的"山东梆子"被山东省人民政府列入省级非物质文化遗产代表性项目名录扩展项目名录。

山东梆子兴起于郓城一带，俗称"当当土梆"，明末清初广泛兴起，流传至山东、山西、河南、河北、江苏、安徽等地，并以地域命名，即山东梆子、山西梆子、河南梆子、河北梆子等。

郓城县位于山东省西南部，具有悠久的历史，境内有肖堌堆商代古文化遗址、苏庄汉墓群、五代唐塔、金代名相史惟良墓等。郓城自古民风淳朴，人杰地灵，崇文尚武，英才辈出，是全国四大古老剧种之一"柳子戏"的发祥地，也是鲁西南流行最广剧种"山东梆子""山东枣梆""两夹弦"的发祥地。

根据《郓城县志》和《郓城县地名志》记载：隋开皇十年（590年）至唐贞观八年（634年），郓城为郓州驻地，设总管府、都督府，统5州32县，府中常有歌舞、说唱和滑稽戏演出，热闹非凡。演唱者演唱时多以枣木梆子击节，清脆悦耳，当当有声，俗称"当当土梆"。至唐时，太宗李世民"喜乐"，郓州常选优秀"戏子"进京演出，得选"戏子"被誉为"御戏子"。

郓城"村村打窝班，夜半闻梆声"。每逢庙会、节日或农闲时节，"大茬子戏"拉开，一唱就是十九二十天。不少"大户"养着两个戏班子，分外班和内班，外班对外演出，内班则在自己家中演出。有时主人家高兴了，还化妆登台扮

图一 1984年,郓城山东梆子剧团演员在菏泽剧院的演出剧照 （摄影：韩修生）

演某个角色。当时,最负盛名的戏班有"大绿班""福盛班""王沙窝班""八班"等。

抗日战争与解放战争时期,当地以乡村"窝班"为基础,组建起各种形式演出的团体,群众称为"游击剧团"。演出的剧目多是自编自演,如《刘百万》《二流子转变》《送子参军》等,曾发挥积极作用。

1949年以前的旧戏班均自动成班,无固定演出场所,多在乡间露天舞台流动演出。由台会与会首议定戏价,收小麦、谷子等粮物,或少许银圆、铜钱,以供艺人生计。遇到灾年或安不下台口时,艺人们便唱"围鼓戏",即不化妆,在人群中围坐清唱。当时的著名艺人有张学为（黑脸,艺名"大麻子"）、张连进（红脸,艺名"张大眼"）等。

1949年,当地成立了郓城县前进剧社,后改为郓城县山东梆子剧团,经营形式为自负盈亏,分配方式开始是按分分红,按演员的业务水平定分,后改为工资制。之后成立了郓城戏曲学校,招收200多名学员,主要教学员唱腔、身段功、武功、表演程序、音乐等。1991年11月,当地重新组建郓城

图二 郓城梆子剧团在赵楼乡惠民演出 （摄影：商宏琦）

图三　郓城梆子剧团在郓城影剧院演出《五世请缨》剧照　　　（摄影：侯昌杰）

县文工团，1995年更名为郓城县山东梆子剧团。

山东梆子的唱腔高亢激昂、慷慨悲壮，板式复杂多变，传统的练功步法和程序有推圈、云手、跷腿、搬腿、打旋风脚、打高提，以及耍草帽等特技。

山东梆子的唱腔属板腔体系，结构极其严谨。黑、红脸采用本嗓、二本嗓（假嗓）或夹本嗓（真、假嗓），声腔高亢洪亮；生、旦唱腔则清新明快，俏丽挺拔。常用的唱腔板式可分为四大类，即慢板、流水板、二八板、散板。慢板有中慢板、金钩挂、倒板、一句增、杀妲己、二凡等，流水板有慢流水、快流水、一串铃、一锣切、倒送板等，二八板有慢二八、中二八、紧二八、一鼓二锣、呱嗒嘴、倒反拨、仓令仓等，散板有飞板、滚白、大起板、大栽板、小栽板等，另有大钚缸、大令子、小令子、笛戏等，共80多种。

山东梆子的曲牌十分丰富，弦乐曲牌有【大金钱】【十番子】【五字开门】【肚里疼】等40多支，唢呐曲牌有【拜堂令】【将军令】【朝天子】等40多支；武乐（即锣鼓经）有【天下铜】【连城】【报子吹】等50多种，共130多种。传统剧目很多，经常上演的剧目有600多出，郓城民间传有顺口溜"《打金枝》《骂金殿》，《曹庄杀妻》《牧羊圈》"，"《江东》《战船》《宇宙锋》，《哭头》《跑坡》《临潼山》"。其中最受群众欢迎的传统剧目有歌颂杨继业父子誓杀死敌的《两狼山》，根据蒲松龄同名俚曲、参照五音戏《二子争父》改编的《墙头记》等。此外，《假议和》《杨雄杀妻》《景阳冈》《一丈青奇缘》等几乎家喻户晓，人人争相传唱。

山东梆子演员行当分工十分细致。大生行当分红脸、老生，小生行当分文生、武生、长靠武生、短打武生、帅生、官生、娃娃生等，旦角行当分老旦、青衣、花旦、小旦、闺门旦、帅旦、刀马旦、彩旦等，丑角行当分文丑、武丑、官丑、小丑等，黑脸行当分黑脸、花脸等。早期用的伴奏乐器有大弦（八楞月琴）、二弦（杆短筒大，皮弦，用弓拉奏）、三弦。后来改为板胡、二胡，并陆续增加了笙、阮、琵琶等伴奏乐器。

为更好地将山东梆子传承下去，当地积极采取措施对山东梆子进行保护，如录音曲牌、制作音像光盘、组织舞台演出等。相信在社会各界的努力下，这一文化遗产必将焕发出更加蓬勃的生命力。